Introdução à Linguística Cognitiva

Conselho Acadêmico
Ataliba Teixeira de Castilho
Carlos Eduardo Lins da Silva
Carlos Fico
Jaime Cordeiro
José Luiz Fiorin
Tania Regina de Luca

Proibida a reprodução total ou parcial em qualquer mídia
sem a autorização escrita da editora.
Os infratores estão sujeitos às penas da lei.

A Editora não é responsável pelo conteúdo deste livro.
A Autora conhece os fatos narrados, pelos quais é responsável,
assim como se responsabiliza pelos juízos emitidos.

Consulte nosso catálogo completo e últimos lançamentos em **www.editoracontexto.com.br**.

Lilian Ferrari

Introdução à Linguística Cognitiva

Copyright © 2011 da Autora

Todos os direitos desta edição reservados à
Editora Contexto (Editora Pinsky Ltda.)

Montagem de capa e diagramação
Gustavo S. Vilas Boas

Preparação de texto
Maiara Gouveia

Revisão
Rinaldo Milesi

Dados Internacionais de Catalogação na Publicação (CIP)
(Câmara Brasileira do Livro, SP, Brasil)

Ferrari, Lilian
Introdução à linguística cognitiva / Lilian Ferrari. –
1. ed., 6ª reimpressão. – São Paulo : Contexto, 2023.

Bibliografia.
ISBN 978-85-7244-657-0

1. Cognição 2. Linguística cognitiva I. Título.

11-07296	CDD-415

Índice para catálogo sistemático:
1. Linguística cognitiva   415

2023

Editora Contexto
Diretor editorial: *Jaime Pinsky*

Rua Dr. José Elias, 520 – Alto da Lapa
05083-030 – São Paulo – SP
PABX: (11) 3832 5838
contato@editoracontexto.com.br
www.editoracontexto.com.br

Sumário

APRESENTAÇÃO 9

O QUE É LINGUÍSTICA COGNITIVA? 13
    Dicionário e enciclopédia 15
        Conhecimento de dicionário 16
        Conhecimento enciclopédico 18
    Realismo experiencialista 20
    Compromissos teóricos 22
        Busca de generalização 23
        Compromisso interdisciplinar 26
    Exercícios 28

CATEGORIZAÇÃO 31
    O que é categorização? 31
    O modelo clássico de categorização 33
    Termos para cores 34
    A base psicológica das cores focais 36
    A categorização de objetos 37
        Níveis de categorização 39
    Protótipos e efeitos prototípicos 41
    O papel do contexto e dos modelos culturais 43
        Mas o que é contexto? 43
    Exercícios 46

FRAMES E MODELOS COGNITIVOS IDEALIZADOS 49
   Frames 50
   Modelos Cognitivos Idealizados 53
      Efeitos prototípicos simples 54
      Efeitos prototípicos complexos 55
   Exercícios 56

GRAMÁTICA COGNITIVA 59
   Domínio e domínio matriz 59
   Imagética convencional 61
      Nível de especificidade 61
      Proeminência 63
      Perspectiva 67
   Classes de palavras 70
      A radialidade das classes de palavras 72
   Subjetividade e intersubjetividade 73
      A perspectiva de Traugott e Dasher 74
      A perspectiva de Langacker 75
   Sistema imagético 77
      Dimensão 78
      Plexidade 79
      Estado de delimitação 80
      Estado de divisão 81
      A disposição de quantidade 81
   Desdobramento de perspectiva 82
      Modo de perspectiva 83
      Grau de extensão 83
   Dinâmica de forças 84
   Esquema imagético 86
   Exercícios 88

METÁFORAS E METONÍMIAS 91
Metáforas da vida cotidiana 91
Metáforas de tempo 92
Metáfora do conduto 94
Sistemas metafóricos 95
Personificação 96
A unidirecionalidade da metáfora 98
Metáforas e esquemas imagéticos 98
Metáfora e polissemia 99
Padrões inferenciais 101
Extensões novas de metáforas convencionais 101
Metonímias 102
Metáfora *versus* metonímia 104
Metaftonímia 104
Exercícios 106

A TEORIA DOS ESPAÇOS MENTAIS 109
Projeção entre domínios 109
Referências anafóricas e ambiguidades referenciais 113
Tempo e modo na organização de espaços mentais 116
Tempo-modo e primitivos discursivos 117
Mesclagem conceptual 120
As construções XYZ 123
Mesclagem e metáfora 125
Metáfora sem mesclagem 126
Mesclagem sem metáfora 127
Exercícios 128

GRAMÁTICA DE CONSTRUÇÕES 129
Construções gramaticais 129
Tipologia de expressões idiomáticas 130
A organização radial das construções sintáticas 131
Construções de estrutura argumental 134

    Redes construcionais..138
        Relações pragmáticas..141
    Exercícios..143

MODELOS BASEADOS NO USO E AQUISIÇÃO DE LINGUAGEM..147
    Estrutura simbólica e competência linguística..................................149
    A aquisição da linguagem..150
        Identificação de padrões..151
        Leitura de intenções..152
    Exercícios..156

CONCLUSÕES..159

BIBLIOGRAFIA..163

A AUTORA..173

Apresentação

Este livro procura traçar um panorama dos principais pressupostos teóricos e contribuições analíticas que caracterizam a Linguística Cognitiva (LC). Por se tratar de uma proposta relativamente recente no âmbito dos estudos linguísticos – seus primeiros passos se articularam oficialmente há pouco mais de vinte anos, nos Estados Unidos –, a área carece de publicações nacionais de caráter introdutório, que facilitem a tarefa daqueles que se interessam pelo assunto.

O presente livro visa, então, não só a preencher uma lacuna importante verificada no cenário nacional, mas também contribuir para facilitar o acesso ao sempre crescente cabedal de conhecimentos disponíveis nesse campo, apresentando, ao longo de oito capítulos, o conjunto multifacetado de modelos constituintes do arcabouço teórico básico da LC. Entre as contribuições em língua portuguesa, ressaltamos aquelas do linguista português Augusto Soares da Silva.[1] No âmbito das publicações internacionais, o principal veículo de divulgação de avanços teóricos significativos e propostas analíticas específicas envolvendo diversas línguas é a revista *Cognitive Linguistics*, lançada durante a I Conferência Internacional de Linguística Cognitiva (Alemanha/1989).

Buscando promover um contato inicial mais produtivo com todo esse repertório de descobertas, este livro reúne capítulos que apresentam os principais modelos que constituem o campo, recortando-os didaticamente, embora na prática se reconheça o constante entrelaçamento das principais vertentes, em virtude de suas características convergentes e/ou complementares.

O primeiro capítulo, "O que é Linguística Cognitiva?", delimita o campo, retomando os pontos de ruptura da Linguística Cognitiva em relação a outros paradigmas (à Gramática Gerativa, em especial), explicitando as premissas básicas da pesquisa na área, que envolvem a inter-relação de forma e significado, a dinamicidade da gramática, a codificação da perspectiva do falante na forma linguística, a não autonomia entre os sistemas cognitivos (não modularidade) e a base experiencial (corporal e sensório-motora) da linguagem.

O capítulo "Categorização" enfoca as noções de *protótipo* e *categoria radial*, destacando as pesquisas antropológicas de Brent Berlin e Paul Kay e as contribuições de Eleanor Rosch na área da Psicologia Cognitiva, um divisor de águas no que se refere à compreensão do processo de categorização de cores e objetos. Enfoca-se, ainda, a questão dos limites categoriais, com base na investigação experimental de William Labov envolvendo xícaras e objetos similares. Por fim, são discutidas as relações entre contexto, modelos culturais e categorização.

O capítulo "*Frames* e Modelos Cognitivos Idealizados" apresenta o tema da construção do significado em relação a sistemas estruturados de conhecimento, detalhando, em especial, as noções de *Frame* e *Modelo Cognitivo Idealizado*, propostas, respectivamente, por Charles Fillmore e George Lakoff. O objetivo é demonstrar que esses constructos teóricos fornecem sustentação ao programa investigativo da Linguística Cognitiva, à medida que explicitam a interação de estrutura linguística e sistemas de conhecimento não linguísticos, ancorados na experiência física e sociocultural.

O capítulo "Gramática Cognitiva" enfoca os modelos convergentes de Ronald Langacker e Leonard Talmy, cuja prioridade é a investigação das diferentes perspectivas estabelecidas pelas estruturas linguísticas. Destaca as noções de *domínio, domínio matriz, proeminência, perspectiva, (inter)subjetividade, dinâmica de forças* e *esquema imagético*, explicitando a contribuição de cada uma delas para o detalhamento do processo cognitivo de *perspectivização*.

O foco do capítulo "Metáforas e metonímias" é o detalhamento desses conceitos, que, sob a ótica da LC, constituem evidências importantes para a sustentação da premissa de que a gramática não é autônoma, mas relacionada a mecanismos cognitivos gerais que contribuem para o estabelecimento do significado linguístico. Enfatiza o trabalho pioneiro de George Lakoff e Mark Johnson, *Metaphors we live by*,[2] no qual se propõe o tratamento das chamadas "figuras de linguagem" em termos de processos de pensamento. Por fim, são abordados refinamentos posteriores da *Teoria da Metáfora Conceptual*, em que se rediscute a distinção rígida entre processos metafóricos e metonímicos, e se sugerem novos desdobramentos para a compreensão desses fenômenos.

A Teoria dos espaços mentais, proposta por Gilles Fauconnier e desenvolvida posteriormente em colaboração com Mark Turner, é considerada no capítulo "A Teoria dos espaços mentais". As noções de *espaço mental, projeção entre domínios cognitivos* e *mesclagem conceptual* são detalhadas e articuladas. O capítulo retoma, ainda, a questão do contraste entre mesclagem e metáfora, alvo de interessantes debates na literatura.

O capítulo seguinte detalha o paradigma denominado "Gramática de construções", partindo de considerações relacionadas a itens lexicais até chegar a construções sintáticas complexas. Com relação à análise de construções sintáticas do inglês, retoma-se o trabalho pioneiro de Fillmore, Kay e O'Connor sobre construções idiomáticas; a pesquisa de Lakoff sobre a estrutura radial das construções dêiticas e existenciais e as propostas de Adele Goldberg sobre construções de estrutura argumental e redes construcionais.

Por fim, o tratamento da aquisição da linguagem advogado pela Linguística Cognitiva é apresentado no capítulo "Modelos baseados no uso e aquisição de linguagem". O capítulo define a competência linguística madura como um inventário de símbolos linguísticos a reunir construções nucleares (mais abstratas) e construções mais periféricas (parcial ou totalmente idiossincráticas). Em seguida, passa-se ao detalhamento de habilidades cognitivas gerais – em especial, *identificação de padrões* e *leitura de intenções* –, com base em pesquisas sobre aquisição de linguagem coordenadas por Michael Tomasello no Departamento de Psicologia Comparada e do Desenvolvimento, do Instituto Max Planck.

Os oito capítulos foram organizados com o intuito de viabilizar uma visão geral da área, sem que isso signifique assumir uma divisão rígida entre os modelos. Os capítulos "Gramática Cognitiva" e "Gramática de construções", por exemplo, poderiam ser agrupados: ambos admitem o pareamento forma-significado como premissa fundamental na estruturação da gramática. A opção por apresentar os dois modelos em capítulos separados é didática. O capítulo "Gramática Cognitiva" oferece noções importantes para o desenvolvimento de ideias aprofundadas nos dois capítulos seguintes (por exemplo, a noção de *esquema imagético*). Já a proposta da gramática de construções, apresentada no capítulo de mesmo nome, requer familiaridade com os conteúdos dos capítulos "Metáforas e metonímias" e "A Teoria dos espaços mentais", tendo em vista que a compreensão de processos metafóricos e projeções entre domínios é recrutada ao estudo das redes construcionais.

Sendo assim, privilegiei a ordenação didática e a possibilidade de articulação do referencial teórico à experiência prática de análise linguística. Isso se reflete no acréscimo de uma seção ao final dos capítulos, com exercícios/ problemas que ilustram os possíveis desdobramentos analíticos das temáticas desenvolvidas em cada um deles.

Vale ressaltar, ainda, que a escolha das vertentes contempladas em cada capítulo decorreu também do constante esforço de integração dessas diferentes linhas de análise em minha trajetória de pesquisa em Linguística Cognitiva e em minha experiência de ensino sobre o assunto, iniciadas há cerca de 15 anos. A motivação inicial para a realização deste livro surgiu, portanto, associada ao desejo de disponibilizar material teórico-prático acessível em língua portuguesa, a ser utilizado em pesquisas ou cursos de graduação e pós-graduação em Letras/Linguística. Considerando o diálogo interdisciplinar viabilizado a partir da LC, o panorama teórico aqui presente pode atrair o interesse de estudantes e pesquisadores de áreas afins, como Antropologia, Ciências Cognitivas, Educação, Fonoaudiologia, Psicanálise/Psicologia, Sociologia, entre outras.

Para finalizar, agradeço aos alunos de graduação e pós-graduação, em especial aos bolsistas de iniciação científica, mestrandos e doutorandos do Grupo de Pesquisas em Linguística Cognitiva (LINC), com quem tive a oportunidade de abordar os temas apresentados neste trabalho e os anseios, descobertas e desafios inerentes à investigação acadêmica. Agradeço ao CNPq, pelo apoio por meio de Bolsas de Produtividade em Pesquisa, que, desde 2003, têm me permitido coordenar o LINC e desenvolver projetos individuais de estudo no campo. Agradeço aos colegas do Departamento de Linguística e do Programa de Pós-Graduação em Linguística/UFRJ, pela atmosfera respeitosa de acolhimento do meu trabalho, e aos colegas do Departamento de Letras Vernáculas e do Programa de Pós-Graduação em Letras Vernáculas/UFRJ, especialmente à profa. dra. Maria Lucia Leitão de Almeida e ao prof. dr. Carlos Alexandre Gonçalves, coordenadores do Núcleo de Estudos Morfossemânticos do Português (NEMP), com os quais mantenho estimulantes trocas e compartilho a participação no projeto de intercâmbio acadêmico com a Universidade Aberta de Lisboa, por meio da profa. dra. Hanna Batoréo. No âmbito internacional, agradeço ao prof. dr. Patrice Brasseur, da Universidade de Avignon, na França, pelo convite ao intercâmbio acadêmico envolvendo coorientação de doutorado, e também à profa. dra. Eve Sweetser, por ter me acolhido como pesquisadora-visitante em estágio de pós-doutorado, apoiado pela Capes, em um dos centros mais importantes na área de Linguística Cognitiva (o Departamento de Linguística da Universidade da Califórnia, Berkeley). Os frutos dessa parceria evidenciam-se, sem dúvida, em minha produção acadêmica recente, na qual se inclui o presente livro.

Notas

[1] Na produção do autor, destacam-se o tratamento detalhado da polissemia no Português Europeu (Soares da Silva, 1999, 2006), além da organização de uma série de coletâneas envolvendo a temática Linguagem e Cognição (Soares da Silva (org.), 2001; Soares da Silva, Torres e Gonçalves (orgs.), 2004; Soares da Silva, Martins, Magalhães e Gonçalves (orgs.), 2010).

[2] O livro foi traduzido para o português sob o título *Metáforas da vida cotidiana* (Mercado das Letras, 2002).

O que é Linguística Cognitiva?

A escolha do termo *Linguística Cognitiva* para nomear um novo paradigma teórico no âmbito da Linguística poderia parecer, a princípio, inadequada. É senso comum na área que a Gramática Gerativa, proposta por Noam Chomsky, revolucionou os estudos linguísticos justamente por ter promovido uma guinada cognitivista em relação ao sistema estruturalista que a precedeu.[1] Sendo assim, se a denominação Linguística Cognitiva tivesse sido atribuída ao modelo chomskyano, a escolha provavelmente não teria provocado estranhamento. Além disso, a expressão *linguística cognitiva* já circulava no cenário linguístico desde os anos 1960, de modo que, ao ser escolhida para designar o campo de estudo estabelecido nos anos 1980, não gozava exatamente do frescor que se poderia almejar. Ainda assim, o termo vingou, estabeleceu-se eficientemente no cenário internacional, e, até por sua compatibilidade com premissas básicas sobre a construção do significado, teve sua legitimidade reconhecida na comunidade acadêmica.

Como designação de uma nova vertente, o termo foi inicialmente adotado por um grupo particular de estudiosos, entre os quais se destacam George Lakoff, Ronald Langacker, Leonard Talmy, Charles Fillmore e Gilles Fauconnier, cuja vasta experiência de pesquisa em Semântica Gerativa motivou crescente insatisfação com o papel da Semântica/Pragmática no modelo. Esses autores concordavam fundamentalmente com o matiz cognitivista da teoria gerativa, condensado na fórmula "a linguagem é o espelho da mente" (Chomsky, 1975), mas passaram a buscar um viés teórico capaz de dar conta das relações entre sintaxe e semântica, investigando especialmente as relações entre forma e significado na teoria linguística.

Para que isso fosse possível, propuseram um afastamento da perspectiva *modular* de cognição adotada pelo gerativismo. Como se sabe, a teoria gerativa postula que o módulo cognitivo da linguagem é independente de outros módulos cognitivos (como o raciocínio matemático, a percepção etc.); além disso, no domínio da linguagem, reivindica-se a primazia do módulo sintático, que apresenta princípios próprios e independentes daqueles atuantes nos módulos fonológico e semântico, por exemplo. A Linguística Cognitiva, por sua vez, adota uma perspectiva não modular, que prevê a atuação de princípios cognitivos gerais compartilhados pela linguagem e outras capacidades cognitivas, bem como a interação entre os módulos da linguagem, mais especificamente, entre estrutura linguística e conteúdo conceptual.

Assim, se a teoria gerativa postula que o significado de uma sentença é definido pelas condições sob as quais se pode interpretá-la como falsa ou verdadeira (e, portanto, o significado é concebido como reflexo da realidade), a Linguística Cognitiva defende que a relação entre palavra e mundo é mediada pela cognição. Assim, o significado deixa de ser um reflexo direto do mundo, e passa a ser visto como uma construção cognitiva através da qual o mundo é apreendido e experienciado. Sob essa perspectiva, as palavras não *contêm* significados, mas orientam a construção do sentido. Para usar uma afirmação que já se tornou clássica na área, "a linguagem é a ponta visível do *iceberg* da construção invisível do significado" (Fauconnier, 1997: 1).

Se as palavras indicam, mas não codificam em si mesmas *todo* o significado, a "insuficiência" que poderia ser atribuída ao termo *Linguística Cognitiva* parece natural. Porém, dentro de sua inerente parcialidade, a expressão tem a vantagem de sinalizar que o rompimento com a perspectiva gerativista não significa um rompimento com o compromisso cognitivista de um modo geral. É, portanto, a um tipo particular de cognição – a cognição não modular – que o termo se refere.[2] Como se pode prever a partir das considerações anteriores, o termo designa a área de forma tão apropriada (ou inapropriada) quanto qualquer similar que pudesse ter sido escolhido.

Não se deve associar, entretanto, o estabelecimento de uma designação reconhecida internacionalmente à ideia de que a Linguística Cognitiva constitui uma abordagem teórica homogênea. Ao contrário, a área reúne um conjunto de abordagens que compartilham hipóteses centrais a respeito da linguagem humana e, ao mesmo tempo, detalham aspectos particulares relacionados aos desdobramentos dessas hipóteses.

Em relação às hipóteses comuns, destaca-se a concepção da linguagem humana como instrumento de organização, processamento e transmissão de informação semântico-pragmática, e não como um sistema autônomo. No que se refere aos fenômenos investigados, Geeraerts (1995: 111-112) estabelece a seguinte agenda:

[...] partindo da hipótese de que a linguagem se constitui a partir da capacidade cognitiva geral do ser humano, os seguintes aspectos adquirem especial interesse para a área: a categorização nas línguas naturais (prototipicalidade, polissemia sistemática, modelos cognitivos, imagética mental e metáfora); os princípios funcionais da organização linguística, tais como iconicidade e naturalidade; a interface conceptual entre sintaxe e semântica, nos moldes explorados pela Gramática Cognitiva e pela Gramática de Construções; a base experiencial e pragmática da língua em uso e a relação entre linguagem e pensamento, incluindo questões sobre relativismo e universais conceptuais.

Vale ressaltar, ainda, que a LC não é a única abordagem que prioriza a semântica. Os estudos funcionalistas de diferentes matizes também o fazem, bem como a semântica formal, cujo interesse se concentra na área do significado. Ocorre, entretanto, que tais vertentes assumem (implícita ou explicitamente) uma visão objetivista do significado, baseada na **semântica de condições de verdade**, que identifica o significado de uma sentença às condições sob as quais esta pode ser considerada falsa ou verdadeira (relação direta entre palavra e mundo). Em direção oposta, a LC concebe o significado como construção mental, em um movimento contínuo de categorização e recategorização do mundo, a partir da interação de estruturas cognitivas e modelos compartilhados de crenças socioculturais. Trata-se, portanto, de estabelecer uma **semântica cognitiva**, a qual sugere uma visão **enciclopédica** do significado linguístico, em contraste com a visão de **dicionário** tradicionalmente adotada nos estudos semânticos.

Dicionário e enciclopédia

A distinção teórica entre dicionário e enciclopédia sempre constituiu uma questão central para lexicólogos (linguistas que estudam o significado das palavras) e lexicógrafos (profissionais que elaboram dicionários). Desde o surgimento da abordagem mentalista da linguagem, nos anos 1960, um paralelismo entre o conhecimento de dicionário e o nível de representação mental das palavras foi estabelecido. Essa perspectiva, amplamente adotada por linguistas formalistas, sustenta a visão *componencial*, que estabelece uma lista de componentes semânticos básicos para caracterizar o significado das palavras.

Mais recentemente, entretanto, tem-se argumentado que a distinção tradicional entre conhecimento de dicionário (significado das palavras) e conhecimento enciclopédico (conhecimento de mundo ou não linguístico) é

artificial. A visão alternativa, adotada pela LC, sustenta que o conhecimento de dicionário é uma subparte do conhecimento enciclopédico mais geral.
Vejamos, a seguir, as principais ideias dessas duas perspectivas.

Conhecimento de dicionário

O conhecimento de dicionário é normalmente associado ao estudo da semântica lexical, cujo objetivo é investigar o significado das palavras. Essa visão é consistente com a hipótese da *modularidade*, adotada pela teoria gerativa, que sustenta que o conhecimento linguístico (por exemplo, o conhecimento do significado de uma palavra como *mochila*) é específico, de natureza distinta de outros tipos de conhecimento de mundo (por exemplo, saber como usar uma mochila, ou onde se pode comprá-la). Assim, assume-se que o conhecimento linguístico é representado em um componente especializado, denominado **dicionário mental** ou **léxico**, e dentro dessa perspectiva, os significados linguísticos armazenados na mente podem ser definidos de forma semelhante ao modo como aparecem no dicionário.

No modelo de dicionário, o significado central de um item lexical é a informação contida na definição da palavra (por exemplo, esposa significa *mulher adulta casada*). O conhecimento enciclopédico (por exemplo, conotações estereotipadas referentes ao papel de esposa, como zelo) é considerado não linguístico. Nesse sentido, o modelo de dicionário restringe-se ao domínio de aplicação da semântica lexical, enquanto as relações do significado com o mundo são vinculadas ao domínio da pragmática, o qual, na visão formalista, é externo ao domínio da linguagem propriamente dita.

Na perspectiva da LC, essa separação rígida entre conhecimento lexical e conhecimento de mundo apresenta uma série de problemas. Em primeiro lugar, o modelo de dicionário assume que as palavras têm uma semântica relacionada ao aspecto "essencial" do significado, distinto dos aspectos "não essenciais". A LC discorda dessa premissa. Por exemplo, a maioria dos falantes de português concordaria que as palavras *panela* e *caçarola* compartilham a mesma denotação: utensílio culinário de forma cilíndrica, com tampa e cabo. Entretanto, para falantes que têm as duas formas em seu dialeto, essas palavras podem ter conotações diferentes. Para esses falantes, a *panela* seria o objeto de um ou dois cabos, enquanto a *caçarola* teria duas alças, tendo seu uso associado ao preparo de cozidos e ensopados. A partir daí, se verifica que essas palavras também têm distribuições linguísticas diferentes. Podemos dizer *chá de panela*, mas não *chá de caçarola*, para falar de uma reunião social que as noivas organizam antes do casamento. Por outro lado, podemos saborear uma *caçarola de legumes*, prato preparado com legumes ensopados. O significado não seria o mesmo se usássemos o termo *panela de legumes*. Em função do que foi exposto, a decisão de excluir algumas informações do significado central ou denotação parece arbitrária. A questão que a LC coloca é: qual a base para a decisão de que uma determinada informação é (ou não) essencial para o significado?

A LC questiona a afirmação de que o significado pode ser definido de modo independente do contexto, reunindo um conjunto significativo de evidências de que as palavras são interpretadas em relação a estruturas de conhecimento esquemáticas (*frames*) ou domínios de experiência (Fillmore, 1975, 1977, 1982; Langacker, 1987). Portanto, a divisão do significado linguístico em semântica (significado independente do contexto) e pragmática (significado dependente do contexto) é considerada problemática.

Por volta dos anos 1960, filósofos da linguagem como Austin e Grice apontaram as limitações que a *semântica de condições de verdade* imprimia ao estudo do significado e passaram a investigar os princípios que governam o uso da linguagem em contextos interacionais. Nessa época, a pragmática ganhou força como abordagem independente e desvinculada das preocupações centrais da linguística formal.

Os estudos na área passaram a apontar a artificialidade da distinção entre semântica e pragmática. Saeed (2003) chama atenção para o fato de que expressões dêiticas como *trazer* e *levar*, *hoje* e *amanhã* têm claramente conteúdo semântico, mas não podem ser plenamente interpretadas fora de seu contexto de uso. Como aponta Levinson (1983: 55), se formos a uma loja e encontrarmos a porta fechada com um aviso no qual se lê *Volto daqui a uma hora*, ficaremos desorientados. Para interpretar a expressão dêitica *daqui a uma hora*, precisamos da informação contextual a indicar em que momento a mensagem foi escrita.

Em face dessas observações, a Linguística Cognitiva reconhece a arbitrariedade da dicotomia entre semântica e pragmática: assim como o conhecimento linguístico não pode ser adequadamente separado do conhecimento de mundo, o conhecimento semântico não pode ser separado, de forma rígida, do conhecimento pragmático. A visão enciclopédica assume que os significados convencionalmente associados às palavras são abstrações a partir de uma vasta gama de contextos de uso associados a um dado item lexical. Além disso, as palavras são muitas vezes usadas de formas apenas parcialmente sancionadas por esses significados convencionais: o uso da linguagem é, em grande parte, inovador.

O significado convencional da preposição *em*, por exemplo, indica a relação entre uma entidade e um objeto de referência que tem a propriedade de conter o primeiro. Entretanto, observemos os enunciados a seguir:

(1) O doce está *na* caixa.
(2) Coloquei as flores *no* vaso.
(3) Tem um risco *na* porta da geladeira.

Embora todas as frases acima envolvam cenas espaciais, há diferenças sutis entre elas. Em (1), presume-se que a entidade, *o doce*, está totalmente contida no objeto de referência, *a caixa*; em (2), a relação de pertencimento entre *as flores* e *o vaso* é apenas parcial; finalmente, no exemplo (3), não há uma relação de pertencimento do tipo observado nos exemplos anteriores, já que o risco se encontra na parte externa da geladeira. Esses exemplos demonstram que não há um significado fixo para a preposição *em* e sugerem que o sentido dessa preposição deriva, em parte, do significado dos elementos linguísticos circundantes. Tendo em vista que as palavras sempre ocorrem em contexto, o significado convencional representa uma idealização baseada no sentido prototípico emergente do uso contextualizado das palavras. O significado associado às palavras sempre envolve o significado pragmático. O significado convencional é, na verdade, uma afirmação desse significado prototípico a partir de várias interpretações situadas pragmaticamente. Portanto, o significado pragmático é considerado *real*, e o significado convencional é visto como abstração.

Conhecimento enciclopédico

A Linguística Cognitiva adota uma *perspectiva baseada no uso*, tendo como uma de suas principais hipóteses a ideia de que o contexto orienta a construção do significado. Em função disso, a semântica cognitiva rejeita a ideia de um léxico mental que contenha o conhecimento semântico de forma separada de outros tipos de saber. Langacker (1987: 154) enfatiza que:

> (...) a distinção entre semântica e pragmática (ou entre conhecimento linguístico e extralinguístico) é bastante artificial, e a única concepção viável da semântica é aquela que evita falsas dicotomias, apresentando, consequentemente, natureza enciclopédica.

O fato de que se associe a construção do significado ao conhecimento enciclopédico, entretanto, não significa adotar uma postura de que o conhecimento associado a uma determinada palavra se estabelece de forma desorganizada e caótica. Ao contrário, a semântica cognitiva caracteriza o conhecimento enciclopédico como um sistema estruturado e organizado em rede, assumindo que os diferentes aspectos do conhecimento a que uma palavra dá acesso não têm *status* idêntico.

Por exemplo, o conceito [GOIABA] inclui a especificação para sua forma no domínio espacial e/ou visual; a configuração de sua cor, no espaço cromático; a localização de seu gosto, no domínio das sensações de paladar/cheiro; além de uma série de especificações abstratas, tais como o conhecimento de que goiabas são comestíveis, crescem em árvores, provêm de regiões tropicais, e assim por diante. Entretanto, alguns desses aspectos são mais centrais para o significado de *goiaba* do que outros.

Langacker (1987) propõe quatro especificações, as quais geralmente acontecem correlacionadas a determinadas informações, contribuindo para a centralidade destas na rede enciclopédica:

(i) **convencional** – é a informação amplamente conhecida e compartilhada pelos membros de uma comunidade de fala, que tem, portanto, alta probabilidade de ser mais central para a representação mental de um determinado conceito lexical. Se eu souber que dois amigos meus são alérgicos a *gato*, por exemplo, esse conhecimento não passará a fazer parte do significado convencional de *gato*, embora possa enriquecer minha compreensão do conceito. Tendo em vista que a convencionalidade é uma questão de grau, esse conhecimento pode ser considerado periférico. Se, entretanto, a fama dos meus amigos começar a crescer e eles se tornarem figuras nacionalmente proeminentes, a simples menção da palavra *gato* poderá trazer de modo imediato à mente dos falantes de língua portuguesa o problema alérgico desses indivíduos. Teríamos que admitir, nesse caso, essa especificação como parte do significado convencional de *gato*.[3]

(ii) **genérica** – é o grau em que uma informação é genérica, ao invés de específica. O fato de que meus amigos são alérgicos ao meu gato Mimi é bastante específico, enquanto o fato de que eles são alérgicos a gatos em geral é parcialmente genérico; já a informação de que algumas pessoas são alérgicas a gatos é ainda mais genérica. Os parâmetros *convencional* e *genérico* tendem a se superpor, já que quanto mais genérica for uma caracterização, maior sua probabilidade de ser convencional. Entretanto, são parâmetros independentes. Na situação imaginada, se toda uma comunidade de fala souber da alergia de meus dois amigos ao meu gato de estimação, a informação passará a ser convencional, mas nem por isso genérica. Seria o caso pouco usual, mas não impossível, de uma informação específica que adquire caráter convencional.

(iii) **intrínseca** – é a caracterização do significado que não leva em conta fatores externos. A forma, por exemplo, é uma propriedade altamente intrínseca, pois diz respeito às relações entre partes de um objeto e não requer interação ou comparação a outras entidades. O tamanho, por sua vez, implica comparação a outros objetos ou a determinada escala de medida, de modo que não é tão intrínseco quanto a forma. No caso de comportamentos, alguns são intrínsecos, como os miados emitidos pelo *gato*, e outros são mais extrínsecos, como *caçar ratos* ou *arranhar os móveis*. O fato de que os gatos podem ser associados às bruxas, por exemplo, é altamente extrínseco.

(iv) **característica** – é a informação suficiente para identificar o membro de uma classe, dado seu caráter único. A forma, por exemplo, costuma ser mais característica do que a cor: um gato pode ser reconhecido pela forma, mas a observação de que uma entidade é preta não seria suficiente para identificá-la como gato.

Os quatro fatores descritos são inter-relacionados e constituem uma proposta de tratamento da centralidade do significado na rede enciclopédica. Sua importância teórica reside justamente no fato de permitir o estabelecimento de uma estrutura organizada de conhecimento, enfraquecendo argumentos que apontam para a falta de plausibilidade cognitiva do modelo enciclopédico.

É importante ressaltar que a centralidade de uma especificação na caracterização enciclopédica de um enunciado se refere à probabilidade de ativação no contexto em que o mesmo ocorre. Dentro dessa perspectiva, os itens lexicais não funcionam como "pacotes" que armazenam o significado, mas atuam como **pontos de acesso** para sistemas de conhecimento.[4]

Realismo experiencialista

A Linguística Cognitiva afasta-se da perspectiva predominante na linguística moderna, que adota uma abordagem **racionalista**, caso da Gramática Gerativa, ou abordagens formais da semântica, como o paradigma desenvolvido por Montague. Essas vertentes teóricas tratam a linguagem como um sistema formal ou computacional, que não leva em conta a base corporal da experiência humana.

Ao contrário, a Linguística Cognitiva adota uma **perspectiva empirista**, alinhando-se a tradições psicológicas e filosóficas que enfatizam a experiência humana e a centralidade do corpo humano nessa experiência. Dentro dessa perspectiva, a investigação da mente humana não pode ser separada do corpo, de modo que a experiência, a cognição e a realidade são concebidas a partir de uma ancoragem corporal.

Um bom exemplo de experiência dependente da natureza do corpo humano é a percepção de cor. O sistema visual humano tem três tipos de fotorreceptores, diferenciando-se daqueles de animais como esquilos e coelhos (que apresentam apenas dois tipos) e de pombos (que têm quatro tipos). Essa diferença afeta nossa experiência em termos da gama de cores a que temos acesso no espectro cromático. Além disso, enquanto temos dificuldade para enxergar à noite, as cascavéis realizam atividades noturnas, como a caça. Diferentemente dos seres humanos, esses animais conseguem detectar visualmente o calor emitido por outros organismos, porque conseguem enxergar a faixa infravermelha. Em suma, esses exemplos demonstram que as características do aparato visual dos seres humanos – um dos aspectos de nossa estrutura corporal – determinam a natureza e a amplitude de nossa experiência nesse âmbito.

No livro *The Body in the Mind*, Mark Johnson (1987) propõe que o corpo não só delimita a experiência, mas também estrutura a cognição. Conceitos rudimentares como CONTATO, CONTÊINER, EQUILÍBRIO resultam da experiência humana pré-conceptual. Esses conceitos não são meras abstrações, mas constituem esquemas imagéticos derivados de experiências sensório-perceptuais. (Lakoff, 1987, 1990, 1993; Johnson, 1987).[5]

Enquanto a semântica formal assume uma abordagem objetivista do significado, argumentando que o papel da linguagem é descrever estados de coisas no mundo, a semântica cognitiva sustenta que não há realidade objetiva que a linguagem possa refletir, pelo simples fato de que não há uma realidade objetivamente dada.

É importante ressaltar que a Linguística Cognitiva não nega a existência de um mundo físico objetivo, independente dos seres humanos. Ao contrário, sabe-se que a gravidade existe, que o reflexo da luz em diferentes superfícies e densidades é que torna possível a existência do espectro cromático, e assim por diante. Entretanto, o acesso a partes dessa realidade é limitado por nosso ambiente ecológico e pela natureza de nossa estrutura corporal. A radiação infravermelha emitida por alguns corpos, por exemplo, é invisível ao olho humano, pois o seu comprimento de onda é maior do que o da luz que somos capazes de enxergar.

Essas observações sustentam a afirmação de que a linguagem não reflete diretamente o mundo, mas antes a construção humana única da realidade. Nos termos de Jackendoff (1983), trata-se de **realidade projetada**: representação mental da realidade, tal como construída pela mente humana, mediada por nossos sistemas perceptuais e conceptuais únicos. No âmbito da Linguística Cognitiva, Lakoff (1987) retoma a proposta filosófica de Putnam (1981) com relação à razão humana, adotando o termo *realismo experiencialista*. Assim, embora reconhecendo a existência da realidade externa, o realismo experiencialista estabelece que dada a forma e configuração de nossos corpos e cérebros, estabelecemos necessariamente uma perspectiva particular entre várias perspectivas possíveis e igualmente viáveis em relação ao mundo.

Os principais postulados dessa proposta podem ser assim resumidos:
- O pensamento é "enraizado" no corpo, de modo que as bases de nosso sistema conceptual são percepção, movimento corporal e experiências de caráter físico e social.
- O pensamento é imaginativo, de forma que os conceitos que não são diretamente ancorados em nossa experiência física empregam metáfora, metonímia e imagética mental, caracterizados por ultrapassar o simples espelhamento literal da realidade.[6]
- O pensamento tem propriedades *gestálticas*: os conceitos apresentam uma estrutura global não atomística, para além da mera reunião de "blocos conceptuais" a partir de regras específicas.

Enfim, para o realismo experiencialista, a razão humana não é uma instanciação da razão transcendental, mas é algo que desponta a partir da natureza de nosso organismo e dos fatores que contribuem para nossa experiência individual e coletiva: a herança genética, as características do ambiente em que vivemos, o modo como funcionamos nesse ambiente, a natureza de nosso funcionamento social etc.

Compromissos teóricos

Tradicionalmente, os estudos linguísticos investigam a linguagem separando-a em áreas distintas, como fonologia (estudo dos sons), morfologia (estudo da estrutura das palavras), sintaxe (estudo da estrutura das sentenças), semântica (estudo do significado) e pragmática (estudo da língua em uso).

Essa divisão tradicional ganhou força a partir de meados do século XX, quando o paradigma gerativo estabeleceu um programa de pesquisas baseado na hipótese de que cada um desses aspectos da linguagem atua sob diferentes princípios estruturais, constituindo módulos distintos. Por exemplo, o módulo sintático é considerado uma área da mente que se ocupa da estruturação das palavras em sentenças; ao módulo fonológico, atribui-se a responsabilidade pela estruturação dos sons em padrões permitidos pelas regras de uma determinada língua etc. Essa abordagem modular justifica a divisão do estudo da linguagem em diferentes subdisciplinas, não apenas por motivos práticos, mas também pela concepção de que os componentes da linguagem são distintos e, em termos de organização interna, não comparáveis.

Diferentemente do modelo gerativo, a Linguística Cognitiva assume a hipótese da não modularidade da linguagem, assumindo uma perspectiva integradora em relação aos módulos tradicionalmente estabelecidos. Embora os diferentes níveis de análise linguística sejam reconhecidos e investigados, duas premissas derivadas da não modularidade são estabelecidas:

(i) os mesmos princípios gerais atuam em todos os níveis de análise linguística.
(ii) os princípios gerais devem ser compatíveis com o cabedal de conhecimentos disponíveis sobre a mente e o cérebro em disciplinas afins.

A primeira afirmativa diz respeito à busca de generalização, enquanto a segunda estabelece um compromisso interdisciplinar para a área. A seguir, as duas premissas são detalhadas.

Busca de generalização

A Linguística Cognitiva assume que os diferentes "módulos" da linguagem compartilham traços fundamentais de organização. Para exemplificar, tomemos o fenômeno da *polissemia*, em que uma mesma unidade linguística exibe sentidos relacionados. Pesquisas recentes têm demonstrado que a polissemia não ocorre apenas no léxico, mas, em consonância com a hipótese de generalização, podendo ser observada também na morfologia e na sintaxe.

Em relação ao léxico, o verbo *ter* constitui um bom exemplo de polissemia em português. Conforme análise de Pinheiro (2009, 2010), o verbo apresenta pelo menos treze acepções diferentes, entre as quais destacamos as seguintes:

(4)
    (a) Só *tem* um shopping na minha cidade. (LOCATIVO CONCRETO)
    (b) *Tem* uma falha na sua argumentação. (LOCATIVO ABSTRATO)
    (c) João *tem* dois carros. (PROPRIEDADE)
    (d) João *tem* duas irmãs. (RELAÇÃO INTERPESSOAL)
    (e) Maria *tem* um nariz bonito. (RELAÇÃO PARTE-TODO)
    (f) *Tenho* saudades da minha infância. (EXPERIÊNCIA PESSOAL)

Em relação aos diferentes sentidos listados, o autor argumenta que o verbo *ter* está associado a um conteúdo conceptual específico, relacionado ao esquema imagético de contêiner (Johnson, 1987). O verbo estabelece, portanto, um cenário experiencial que codifica a continência de uma entidade X em um espaço de fronteiras delimitadas. A Figura 1 ilustra esse cenário:

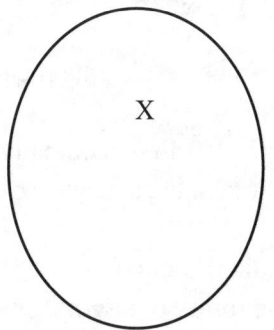

Figura 1 – Esquema imagético do contêiner.

Assim, em 4(a), a entidade X corresponde a *shopping*, e o espaço delimitado é *minha cidade*. O mesmo ocorre em 4(b), só que em nível abstrato: a *falha* está "contida" no *argumento*. Os exemplos 4(c) a 4(f) indicam genericamente POSSE, de modo que possuidores são entendidos metaforicamente como contêineres, e o que é possuído pode ser um objeto físico, ou, ainda, um tipo de relação, experiência vivenciada pelo possuidor etc.[7]

Na morfologia, vários estudos atestam características polissêmicas de afixos. É o caso, por exemplo, do sufixo aumentativo –ão, analisado por Gonçalves et al. (2009). Vejamos alguns exemplos apresentados pelos autores:

(5)
    (a) bigodão, barrigão TAMANHO MAIOR OU AVANTAJADO
    (b) sopão, pratão QUANTIDADE (DE COMIDA)
    (c) abração, tapão INTENSIDADE
    (d) resmungão, pidão ITERATIVIDADE/PEJORATIVIDADE
    (e) solzão, filmão AVALIAÇÃO POSITIVA

Cada um dos exemplos demonstra que o sufixo –ão pode adicionar sentidos ligeiramente diferentes às suas bases. Em 5(a), o sufixo adiciona o significado de tamanho maior ou avantajado aos nomes *bigode* e *barriga*. Já 5(b) não se refere necessariamente ao tamanho físico de *sopa* ou *prato*, mas sim à quantidade de legumes ou de comida, respectivamente. Em 5(c), há um aumento de intensidade em relação a *abraço* e *tapa*, enquanto 5(d) associa o aumento de intensidade à iteratividade e, em determinados contextos, ao aspecto pejorativo: aquele que *resmunga/pede* repetidamente pode ser avaliado de forma negativa socialmente. Por outro lado, 5(e) indica uma intensificação de qualidade, que é avaliada positivamente.

Apesar dessas diferenças, os sentidos podem ser intuitivamente relacionados por compartilhar, em maior ou menor grau, algum tipo de *aumento*: de tamanho, de quantidade, de intensidade. Além disso, a noção de aumento agrega inferências positivas ou negativas ao sentido da base, conferindo maior especificidade a certos significados.

Por fim, a polissemia é evidenciada também na sintaxe. Goldberg (1995) estuda a polissemia de diferentes construções, demonstrando que uma mesma estrutura sintática pode estar associada a vários sentidos relacionados. É o caso, por exemplo, da construção de movimento causado, que apresenta a seguinte associação entre estrutura sintática e papéis semânticos:

SUJEITO VERBO OBJETO (SN) OBLÍQUO (SP)
↕   ↕   ↕   ↕
AGENTE AÇÃO TEMA   ALVO
(Maria) (jogou) (o papel) (no lixo)

Para exemplificar a polissemia dessa construção, observemos os diferentes sentidos da construção de movimento causado em português:

A. Sentido 1: AGENTE causa o TEMA a mover para o ALVO.
   Ex. *Maria jogou o papel no lixo.*
B. Sentido 2: Condições de satisfação implicam que AGENTE causa TEMA a mover para o ALVO.[8]
   Ex. *Maria mandou o afilhado à padaria.*
C. Sentido 3: AGENTE permite TEMA a mover para o ALVO.
   Ex. *Maria colocou os amigos para dentro da festa.*
D. Sentido 4: AGENTE previne TEMA de mover-se para o ALVO.
   Ex. *Maria trancou o marido para fora de casa.*
E. Sentido 5: AGENTE ajuda TEMA a mover-se para o ALVO.
   Ex. *Maria levou os filhos ao parque.*

Goldberg (1995) argumenta que os sentidos listados acima estão relacionados por um laço polissêmico, de modo que os *Sentidos 2 a 5* estabelecem diferentes tipos de relações de contiguidade ou proximidade com o *Sentido 1*, caracterizado como central.

No capítulo dedicado à Gramática de Construções, esse assunto será detalhado. Passemos, agora, à segunda premissa da Linguística Cognitiva, que diz respeito à interdisciplinaridade.

Compromisso interdisciplinar

Ao adotar uma perspectiva não modular, que presume princípios cognitivos gerais (e não apenas princípios especificamente linguísticos) atuantes na organização da linguagem, a Linguística Cognitiva assume o compromisso de compatibilizar suas hipóteses com os resultados de pesquisas sobre a mente e o cérebro realizadas por outras disciplinas, principalmente na área das Ciências Cognitivas (Filosofia, Psicologia, Inteligência Artificial e Neurociências).

Assim, reconhecendo novas perspectivas abertas por pesquisas sobre estratégias de **categorização**, realizadas pela Psicologia Cognitiva, a Linguística Cognitiva promoveu um afastamento da concepção tradicional sobre categorias linguísticas. Classes de palavras, por exemplo, como nomes, verbos, adjetivos etc., são normalmente concebidas como bem delimitadas, circunscrevendo elementos cujas características autorizam sua inclusão dentro dos limites categoriais. De acordo com essa visão, as palavras são classificadas segundo seu comportamento morfológico, distribucional e semântico. Verbos são definidos assim: (a) palavras que apresentam flexão de número, pessoa, tempo e modo; (b) palavras que podem preencher a lacuna entre dois nomes (por exemplo, o garoto _____ a maçã); (c) palavras que indicam ação ou estado. Esses critérios autorizam a classificação do item lexical *comeu* como forma flexionada do verbo *comer*, no exemplo a seguir:

(6) O garoto *comeu* a maçã.

A forma *comeu* atende ao primeiro critério, por estar flexionada na 3ª pessoa do singular do pretérito perfeito do indicativo. O exemplo anterior evidencia, ainda, a adequação aos segundo e terceiro critérios, tendo em vista que *comeu* ocorre entre dois nomes e indica uma *ação* realizada pelo *garoto* em relação à *maçã*.

Pelo fato de atender a todos os critérios, a forma pode ser incluída na categoria dos verbos. As palavras *maçã* e *garoto*, que ocorrem na mesma sentença, estariam excluídas dessa categoria por não apresentarem nenhum dos critérios definidores dessa classe (mas sim aqueles que definem a classe dos nomes).

No campo da Psicologia Cognitiva, entretanto, inúmeras pesquisas experimentais já apontaram que a categorização realizada pela mente humana não se pauta necessariamente pelo modelo descrito, em que o pertencimento de um elemento a uma categoria é uma questão de "tudo ou nada". Como veremos no próximo capítulo, os estudos mostram que os contornos categoriais são pouco rígidos, de modo que há membros mais centrais (que apresentam todos os traços definidores da categoria) e outros mais periféricos (que apresentam alguns, mas não todos os traços definidores). A categoria MOBÍLIA, por exemplo, tem entre seus membros centrais (ou prototípicos) objetos como *cadeiras*, *mesas*, *sofás*, mas também pode incluir membros mais periféricos como *abajur*, *relógio de parede*, *cinzeiro*. Trata-se, portanto, de uma **categoria radial**, cujos membros se afastam, em maior ou menor grau, do centro categorial.

Essas descobertas oriundas da Psicologia foram reconhecidas pela Linguística Cognitiva, e a noção de categoria radial foi aplicada à investigação das categorias linguísticas. Em relação à categoria dos verbos, as pesquisas demonstram que nem todos os casos se assemelham ao exemplo discutido anteriormente, em que a forma *comeu* se comporta como um verbo prototípico. Observemos o caso do gerúndio, no exemplo a seguir:

(7) Maria fotografou o garoto *comendo* a maçã.

Se retomarmos os traços definidores de verbo considerados, podemos concluir que a forma *comendo* apresenta o traço distribucional associado aos verbos (ocorre entre duas expressões nominais) e à semântica de ação, que também é uma característica verbal. Entretanto, não apresenta flexão número-pessoal ou modo-temporal, pois a forma seria a mesma quaisquer que fossem o número e a pessoa do nome que a antecede (*os garotos, vocês* etc.), ou mesmo o enquadre temporal da sentença (ex. *Maria verá o garoto comendo a maçã, Maria poderia ter visto o garoto comendo a maçã* etc.). Trata-se, portanto, de uma forma verbal periférica ou menos prototípica.

Essa nova visão de categorização, inicialmente estabelecida pela Psicologia Cognitiva, acabou por representar um dos importantes reflexos interdisciplinares no arcabouço teórico Linguística Cognitiva, influenciando a descrição de fenômenos sintáticos, morfológicos e fonológicos. Dada sua importância, o próximo capítulo enfocará mais detalhadamente o percurso desse conceito.

Exercícios

I. Na primeira metade do século XX, o linguista americano Leonard Bloomfield (1933: 140) descreveu o estudo da semântica como "o ponto frágil no estudo da linguagem". Como essa afirmação se articula à visão estruturalista vigente? E como contrasta com a perspectiva da LC?

II. Em relação ao item lexical *Lua*, determine o(s) tipo(s) de especificação(ões) (convencional, genérica, intrínseca e/ou característica) que integra(m) o conhecimento enciclopédico ativado pelas seguintes caracterizações:
   (a) A Lua é o único satélite natural da Terra.
   (b) A Lua tem crateras.
   (c) A Lua é, proporcionalmente, o maior satélite natural do nosso sistema solar.
   (d) A Lua inspira os apaixonados.

III. Com base no exercício anterior, identifique qual das caracterizações (a)-(d) é ativada no contexto da seguinte piada:

> Dois namorados chegam a uma praça e sentam-se no banquinho. A menina vira para o namorado e fala:
> – Querido, a Lua sumiu!
> O namorado responde:
> – Não, meu amor, a Lua não sumiu; ofuscada por sua beleza, a Lua tímida ocultou-se entre as nuvens.
> Depois de 20 anos de casados:
> – Querido, a Lua sumiu!
> – Pô, não está vendo que vai chover?

IV. Faça uma pesquisa-piloto, reunindo um número expressivo de exemplos que envolvam o pronome pessoal *nós*. Investigue os diferentes significados desse pronome em seus contextos de uso. Os seus achados sustentam a visão de que essa palavra exibe polissemia?

V. Evans (2005) analisou a polissemia do verbo *fly* (voar, em inglês), estabelecendo o seguinte conjunto de significados:

Sentido 1 – MOVIMENTO AERODINÂMICO AUTOPROPULSIONADO
Ex. 1. *The bird is flying.*
   O pássaro está voando.
   "O pássaro está voando"

Sentido 2 – MOVIMENTAÇÃO DE ENTIDADE CAPAZ DE MOVIMENTO AERODINÂMICO POR UM AGENTE
Ex. 2. *The pilot is flying the plane.*
   O piloto está voando o avião.
   "O piloto está dirigindo o avião"

Sentido 3 – CONTROLE DE UMA ENTIDADE LEVE POR UM AGENTE
Ex. 3. *The child is flying the kite.*
   A criança está voando a pipa.
   "A criança está soltando a pipa"

Sentido 4 – SUSPENSÃO DE UM OBJETO LEVE
Ex. 4. *The flag is flying.*
A bandeira está voando.
"A bandeira está hasteada"

Considerando-se os sentidos listados e as traduções apropriadas para o português (entre aspas, abaixo dos exemplos), o que se verifica é que embora o sentido 1 do verbo *fly* tenha correspondência em português, o mesmo não ocorre com os outros sentidos (que, em português, teriam que ser expressos por outros verbos). Tendo em vista essas observações, reflita sobre a polissemia do verbo *voar* em português e responda às seguintes perguntas:

a. O verbo *voar* é polissêmico também em português?
b. Identifique quatro sentidos que façam parte da rede polissêmica do verbo *voar* em nossa língua.

Notas

[1] A Linguística Estruturalista concebia as línguas como sistemas autocontidos, fechados em si mesmos, cuja estrutura precisava ser explicitada.

[2] Como ficará claro mais adiante, concebe-se a cognição não modular como "enraizada" nas experiências sensório-motoras e corporais humanas (ver seção "Realismo experiencialista").

[3] O exemplo não é tão distante quanto parece. Para os falantes que vivenciaram determinado período na história política brasileira, o item *vassoura* pode ter a especificação "símbolo da campanha do presidente Jânio Quadros" como parte de seu significado convencional. Mais recentemente, para falantes do português brasileiro, a palavra *fenômeno* dificilmente deixará de evocar "o jogador de futebol Ronaldo".

[4] A visão do significado como conteúdo armazenado em "pacotes" é uma das características da *metáfora do conduto*, que será detalhada no capítulo "Metáforas e metonímias", seção "Metáfora do conduto".

[5] A noção de *esquema imagético* será detalhada no capítulo "Gramática cognitiva", seção "Desdobramento de perspectiva".

[6] Para a caracterização dos processos metafóricos e metonímicos, ver capítulo "Metáforas e metonímias".

[7] Para detalhamento dos laços metafóricos e metonímicos que caracterizam a rede polissêmica do verbo *ter* no português brasileiro, ver Pinheiro (2009, 2010).

[8] As "condições de satisfação" representam, de acordo com a Teoria dos Atos de Fala (Austin, 1962; Searle, 1969), as condições sob as quais determinada sentença constitui um ato de fala. Trata-se de uma combinação entre as intenções do falante e as convenções sociais aliadas a diferentes graus de formalidade, que constituem o critério do sucesso ou fracasso da tentativa de realização do ato. No caso do sentido 2 da construção de movimento causado, as condições de satisfação determinam que Maria deve ser um agente socialmente autorizado para causar indiretamente, através de um pedido ou ordem, o deslocamento do afilhado até a padaria.

Categorização

A construção do significado envolve vários aspectos que têm sido abordados por modelos teóricos específicos no âmbito da semântica cognitiva. O presente capítulo enfocará a questão da categorização e suas implicações para a compreensão do fenômeno linguístico.

O que é categorização?

A categorização é o processo através do qual agrupamos entidades semelhantes (objetos, pessoas, lugares etc.) em classes específicas. Para ilustrarmos o processo com um exemplo típico de nosso dia a dia, basta pensarmos nos diferentes compartimentos de um guarda-roupa. Em geral, há gavetas, prateleiras, araras e outras subdivisões, que derivam do fato de classificarmos os itens do vestuário em diferentes tipos: aqueles que devem ser dobrados e guardados, aqueles que devem ser dobrados e empilhados, aqueles que devem ser pendurados etc. O mesmo raciocínio pode ser aplicado às subdivisões existentes em vários outros utensílios do cotidiano, como geladeiras, mesas de escritório e carteiras de dinheiro. As subdivisões de cada um deles refletem um planejamento relacionado aos objetos que serão colocados em seu interior, também separados em categorias específicas.

Com relação à linguagem, o processo de categorização é, de fato, essencial. Na verdade, para falarmos do mundo, agrupamos um conjunto de objetos, atividades ou qualidades em classes específicas. Assim, a um conjunto de objetos semelhantes (mas não necessariamente idênticos) atribuímos o nome árvore; fazemos referência a um conjunto de atividades com características julgadas similares usando expressões como *trabalhar*, *brincar*, e assim por diante. Da mesma forma, qualificamos as pessoas que compartilham determinadas características como *calmas*, *engraçadas* ou *tagarelas*.

Nossas estratégias de categorização estão intimamente relacionadas à nossa capacidade de memória. Podemos agrupar objetos em categorias para falarmos do mundo, mas não podemos criar um número infinito de categorias, pois isso acarretaria em sobrecarga em termos de processamento e armazenamento de informações.

Essa observação foi levada ao paroxismo no conto do escritor Jorge Luis Borges, intitulado "Funes, o memorioso". O conto narra a história de Irineo Funes, que sofre uma queda de cavalo e passa a ter uma memória prodigiosa. Por conta disso:

> (...) sabia as formas das nuvens austrais do amanhecer de trinta de abril de 1882 e podia compará-las na lembrança às dobras de um livro em pasta espanhola que só havia olhado uma vez e às linhas da espuma que um remo levantou no Rio Negro na véspera da ação de Quebrado. Essas lembranças não eram simples; cada imagem visual estava ligada a sensações musculares, térmicas etc. (Borges, [1944]/2007)

Em virtude da espantosa capacidade de memória ilustrada no excerto anterior, Funes considera apropriado atribuir um nome para cada uma das diferentes nuvens, das diferentes dobras de um livro, das diferentes linhas formadas pela espuma de um barco. Da mesma forma, "perturbava-lhe que o cão das três e catorze (visto de perfil) tivesse o mesmo nome que o cão das três e quatro (visto de frente)".

Ao tratar a questão da categorização de forma alegórica, Borges provoca a constatação de que as línguas se relacionam a um mundo desorganizado e, muitas vezes, caótico. Ao retratar um indivíduo que se diferencia dos demais por ter adquirido uma memória prodigiosa, que lhe permitiria lidar com um léxico bem mais extenso do que aquele disponível no sistema linguístico de seus interlocutores, o conto lança luz sobre o fato de que não há uma relação especular entre linguagem e mundo, mas uma relação necessariamente mediada pela arquitetura cognitiva dos falantes, em termos de suas características e restrições.

A insatisfação de Funes em relação à linguagem nos leva a outra indagação: como elegemos os atributos relevantes para a inclusão de um elemento em determinada categoria? Em outras palavras, quais características deve possuir um animal para que possa ser chamado de *cão*? Ou que características deve ter um objeto para que possamos chamá-lo de *cadeira*?

Essas questões não são tão triviais quanto possam parecer e têm estimulado inúmeras reflexões na história do pensamento ocidental. Partindo-se das indagações clássicas do filósofo grego Aristóteles sobre o assunto, chega-se mais recentemente a investigações de caráter experimental, desenvolvidas no bojo da Psicologia Cognitiva, no século xx, e das Ciências Cognitivas (com importante participação da Linguística Cognitiva), nos séculos xx e xxi.

O modelo clássico de categorização

De acordo com o modelo clássico de categorização, para que um elemento pertença à determinada categoria deve possuir todos os atributos definidores da mesma. Por exemplo, os membros da categoria AVE devem "ter bico"; "ter duas asas"; "ter dois pés"; "ter penas"; "poder voar"; "colocar ovos".

Sendo assim, para que um animal possa ser considerado uma AVE, deve apresentar *todos* esses atributos (condição necessária); além disso, basta que o animal apresente *exatamente* esses atributos (condição suficiente). Assim, enquanto gaivotas e pardais seriam indiscutivelmente membros da categoria AVE, os pinguins precisariam ser excluídos da categoria, por possuírem asas atrofiadas com função de nadadeira e não possuírem pena.

Esse modelo de categorização, que remonta ao pensamento aristotélico, foi retomado e detalhado pela semântica estruturalista, que tem no trabalho de Katz e Fodor (1963) sua referência mais importante. Os autores propuseram um sistema de traços para definir a estrutura semântica de itens lexicais.[1] A definição de ÉGUA, nesse sistema, seria diferente da definição de CAVALO em relação ao traço referente a gênero: CAVALO seria [EQUINO], [MACHO+], [ADULTO+], enquanto ÉGUA seria [EQUINO], [MACHO-], [ADULTO+]. Já a distinção entre CAVALO e POTRO estaria relacionada ao traço idade, pois o segundo exibiria os traços [EQUINO], [MACHO+], [ADULTO-].

De acordo com esse modelo, as categorias apresentam limites rígidos e são tratadas, de modo objetivista, como reflexos diretos do mundo. Essa proposta, entretanto, tem atraído inúmeros questionamentos. Em meados do século passado, Wittgenstein já havia apontado a dificuldade de definição da palavra GAME (*jogo*) a partir de traços necessários e suficientes, demonstrando que qualquer traço eleito para a definição da categoria não estaria associado a todos os seus membros. Atributos presentes na maioria dos jogos, como "atividade coletiva" e "competitividade", não surgem no jogo de peteca, que não envolve competição, ou no jogo de cartas denominado *paciência*, jogado por uma única pessoa. O que permite chamar determinadas atividades de GAME é o fato de cada uma delas manter alguns traços em comum com todas as outras, mas não necessariamente todos os traços. Para ilustrar, Wittgenstein utiliza a metáfora das *semelhanças familiares* (*family resemblances*), destacando que os membros de uma categoria apresentam as mesmas relações de semelhança observadas entre os membros de uma família. Por exemplo, pai e filho podem ter o mesmo tipo de nariz e a mesma cor de cabelo; mãe e filho podem ter a mesma cor de pele; filho e filha podem compartilhar a mesma cor de olhos. Assim como não há um traço compartilhado por todos os membros da família, mas um conjunto de traços que permite compartilhamentos parciais, de modo análogo, não há um traço definidor das categorias em geral.

Fillmore (1975), em estudo clássico sobre o termo inglês BACHELOR (*solteirão*), argumentou que a decomposição do item lexical com base nos traços [MACHO+], [ADULTO+], [CASADO-] não é suficiente para descrever o significado da palavra. Na verdade, a definição do termo requer referência a um domínio cognitivo específico, denominado *frame*,[2] que reúne conhecimento compartilhado em relação às expectativas socioculturais relacionadas à idade apropriada para o casamento. É a relativização do termo BACHELOR a esse domínio cognitivo específico que explica o fato de que a palavra não é adequada para nomear o Papa, ou um personagem que viva nas selvas, como o Tarzan, ainda que esses indivíduos compartilhem os traços listados.

O questionamento em relação ao modelo clássico de categorização atraiu também a atenção de antropólogos, como Brent Berlin e Paul Kay (Berlin e Kay, 1969), e adquiriu contornos mais definidos com o desenvolvimento de investigações pioneiras em Psicologia Cognitiva sob a coordenação de Eleanor Rosch (Rosch, 1973, 1978; Rosch e Mervis, 1975; Rosch et al., 1976). Essas contribuições serão discutidas nas próximas seções.

Termos para cores

Quais seriam os princípios norteadores do processo de categorização das cores? Nos anos 1950 e 1960, antropólogos investigaram diferenças interlinguísticas na nomeação de cores e descobriram que os termos para cores diferiam muito de uma língua para outra (Brown e Lenneberg, 1954; Lenneberg, 1967). Isso os levou à interpretação de que a categorização das cores era arbitrária e, de um modo mais geral, favoreceu uma visão relativista acerca das línguas. Na versão mais radical, proposta por Edward Sapir e Benjamin Whorf, assume que línguas diferentes recortam a realidade de modos completamente diferentes.[3]

Com o objetivo de refutar a hipótese relativista, os antropólogos Brent Berlin e Paul Kay (1969) investigaram a nomeação de cores em mais de noventa línguas, descobrindo que o espectro cromático é estruturado por um conjunto de pontos de referência para orientação, as chamadas *cores focais*.

Em uma série de experimentos, Berlin e Kay trabalharam com cartões cromáticos estandardizados e aplicaram testes de elicitação verbal. O objetivo era descobrir os termos básicos do vocabulário cromático que atendessem aos seguintes critérios:

a. O termo deveria consistir apenas de uma palavra de origem nativa (termos compostos, como *verde azulado*, ou de origem estrangeira, como *champagne*, eram descartados).
b. A aplicação do termo não deveria se restringir a uma única classe de objetos (por exemplo, excluíram-se termos usados especificamente para designar cor de cabelo, como seria o caso de *louro*, *ruivo* etc.).
c. Os termos deveriam ser familiares e de fácil lembrança para a maioria dos falantes (em oposição a índigo, fúcsia etc.).

Na primeira fase do experimento, os informantes deveriam dizer os nomes de cada uma das cores dos cartões apresentados pelos pesquisadores. Na segunda fase, os informantes precisavam apontar:

a. todos os cartões que eles nomeariam como cor x sob quaisquer condições.
b. os melhores e mais típicos exemplares de x, denominados cores focais.

Os resultados dos experimentos demonstraram que as cores focais não eram compartilhadas apenas por falantes de uma mesma língua, mas também eram consistentes nas diferentes línguas. Sempre que uma língua tinha um termo para a cor correspondente em inglês, seus pontos focais eram localizados na mesma área. E mesmo em línguas com um número menor de cores básicas do que o inglês, os melhores exemplares dessas categorias combinavam com as respectivas cores focais apontadas nessa língua.

Em resumo, os experimentos de Berlin e Kay comprovaram que a categorização das cores não é arbitrária, mas ancorada em pontos centrais. Enquanto as fronteiras das categorias variam entre línguas e mesmo entre falantes de uma mesma língua, as cores focais são compartilhadas por falantes diferentes e mesmo por comunidades linguísticas diferentes. Visto que os membros centrais são compartilhados universalmente, Berlin e Kay concluíram que as onze cores básicas são, na verdade, universais perceptuais e estabeleceram que as línguas codificam, no máximo, onze cores básicas, correspondentes a pontos focais de referência. São elas: preto, branco, vermelho, verde, amarelo, azul, marrom, laranja, rosa, roxo e cinza. Além disso, a ocorrência dos termos relativos a essas cores básicas nas diferentes línguas obedece à seguinte hierarquia:

```
PRETO > VERMELHO > VERDE > AMARELO > AZUL > MARROM > LARANJA
BRANCO                                                ROXO
                                                      ROSA
                                                      CINZA
```

Figura 2 – Hierarquia de cores focais.

A hierarquia anterior estabelece que se uma língua tiver apenas dois termos básicos para cores, esses termos serão preto e branco; se apresentar três termos, os termos serão preto, branco e vermelho, e assim sucessivamente. Em relação aos termos que se localizam no final da escala, não há hierarquia entre eles. Assim, uma língua pode ter todos os termos à esquerda e, ainda, roxo e cinza (ou laranja e rosa etc.).

A base psicológica das cores focais

As investigações iniciais de Rosch, no âmbito da Psicologia, objetivaram explorar a base psicológica das cores focais. O objetivo principal era determinar se as cores focais partiam da linguagem ou da cognição pré-linguística. Ao investigar os termos para cores utilizados pelos Dani (tribo da Nova Guiné), Rosch[4] verificou que havia apenas dois termos básicos para cores, que poderiam ser traduzidos por "branco-quente" e "preto-frio". O primeiro termo inclui todas as cores quentes, como o vermelho, o amarelo, o laranja, o roxo avermelhado e o rosa; o segundo inclui todas as cores frias, como o azul, o verde, o cinza e o marrom. A existência de apenas dois termos básicos não significa, de acordo com Rosch, que os falantes dessa língua não pudessem reconhecer todo o domínio cromático. Na verdade, os termos básicos recobrem todo o espectro de cores, e os Dani poderiam recorrer a termos compostos para indicar diferentes tonalidades como, aliás, também é o caso dos falantes de português que diferenciam várias nuances de cores através de termos compostos (ex. azul-piscina, roxo-batata, rosa-bebê etc.).

Em relação às pesquisas de Rosch com cores, os principais achados podem ser assim resumidos:

a. As cores focais são perceptualmente mais salientes do que as cores não focais.
A atenção de crianças de 3 anos é mais facilmente atraída por cores focais do que por cores não focais, e crianças de 4 anos combinam melhor cores focais do que não focais em tarefas de combinação de cartões.
b. As cores focais são lembradas com mais acuidade pela memória de curto prazo e mais facilmente retidas na memória de longo prazo.
c. Os nomes das cores focais são produzidos mais rapidamente na tarefa de nomeação de cores, além de serem adquiridos mais cedo pelas crianças.

Em suma, as cores focais parecem ter saliência cognitiva particular, provavelmente de forma independente da linguagem, e parecem refletir certos aspectos fisiológicos dos mecanismos perceptuais do ser humano. Esses resultados encorajaram Rosch a estender a noção de foco – ou *protótipo* – para além da categoria cromática, ou seja, para domínios como formas, organismos e objetos.

A categorização de objetos

Para demonstrar que todos os tipos de entidade são organizados em termos de categorias prototípicas cujos limites não são nítidos, Rosch (1973, 1978) partiu para a investigação dos julgamentos de estudantes universitários a respeito das seguintes categorias: FRUTA, MOBÍLIA, VEÍCULO, ARMA, LEGUME, FERRAMENTA, AVE, ESPORTE e BRINQUEDO. Os estudantes precisavam julgar se os itens apresentados eram "bons exemplos" das categorias indicadas.

Os resultados da pesquisa indicaram a existência de efeitos prototípicos. Cadeiras, sofás, mesas e camas, por exemplo, foram consensualmente indicados como MOBÍLIA, e puderam ser identificados como protótipos. Entretanto, cinzeiros, rádios, relógios e vasos foram considerados exemplos periféricos da categoria.

Adotando perspectiva semelhante à de Rosch, mas objetivando testar a falta de precisão dos limites categoriais, Labov (1973, 1978) desenvolveu uma série de experimentos envolvendo xícaras e objetos similares. Os experimentos eram, na verdade, muito simples. Os informantes deveriam observar uma série de desenhos desses objetos e nomeá-los. Os desenhos, apresentados um a um aos informantes, eram os seguintes:

Figura 3 – Objetos apresentados por Labov em tarefa de nomeação.

Os resultados da tarefa de nomeação foram analisados em termos de "perfis de consistência", ou seja, se todos os informantes nomeassem um objeto como CUP (xícara), a consistência seria de 100%. Se a metade dos informantes ficasse em dúvida e usasse outros nomes, enquanto a outra metade escolhesse CUP, a consistência seria de 50%. Por fim, se ninguém atribuísse ao objeto o nome CUP, a consistência seria zero.

Em um dos testes, envolvendo os objetos 1 a 5, a consistência caiu em relação aos objetos 4 e 5. No caso desses objetos, alguns informantes escolheram o nome CUP, também escolhido majoritariamente para os objetos anteriores, mas outros informantes preferiram o nome BOWL (tigela).

Entretanto, os limites categoriais assumem nova dimensão nos experimentos subsequentes, nos quais se acrescentam as seguintes informações contextuais: (a) situação envolvendo "tomar café"; (b) situação de mesa de jantar na qual os objetos contêm purê de batatas; (c) situação em que os objetos estão numa prateleira com flores dentro deles.

Nesses novos contextos, os resultados referentes aos limites categoriais apresentaram uma guinada significativa. Por exemplo, no contexto envolvendo comida, os objetos 3 e 4 deixaram de ser CUP para a maioria dos informantes e passaram a ser chamados de BOWL (tigela).

Considerando-se os achados de Rosch e Labov, as seguintes conclusões podem ser listadas:

(i) As categorias não representam divisões arbitrárias de entidades do mundo, mas surgem baseadas em capacidades cognitivas da mente humana.

(ii) Categorias de cores, formas, mas também organismos e objetos concretos, são ancoradas em protótipos conceptualmente salientes, que desempenham papel crucial na formação dessas categorias.[5]

(iii) As fronteiras das categorias cognitivas são imprecisas, de modo que categorias vizinhas não são separadas por limites rígidos, mas há uma zona de intersecção.

Níveis de categorização

As pesquisas também demonstraram que a categorização apresenta níveis de inclusão, de modo que um dos níveis funciona como o **nível básico de especificidade** (Berlin et al., 1973; Rosch et al., 1976). Observemos:

(8)
  (a) Veículo – *carro* – jipe
  (b) Fruta – *banana* – banana-prata
  (c) Ser vivo – animal – *cão* – pastor-alemão
  (d) Objeto – item do mobiliário – *cadeira* – cadeira de balanço

Nos conjuntos citados, os elementos básicos de cada categoria estão marcados em itálico. O nível básico de categorização apresenta características específicas que lhe conferem *status* especial, e pode ser definido como o nível máximo no qual:

(i) Os indivíduos usam padrões de comportamento motor semelhantes para interagir com os membros da categoria.
(ii) Uma imagem mental única pode representar toda a categoria.
(iii) Os membros da categoria têm formas globais percebidas como similares.
(iv) A maior parte das informações úteis e do conhecimento dos falantes sobre os membros da categoria são organizados.

Tomemos como modelo a categoria básica CARRO. Veremos que ela obedece ao critério (i), já que podemos imaginar alguém fazendo uma mímica de que está dirigindo um carro. A possibilidade de imaginar algo desse tipo nos mostra padrões motores de comportamento relacionados ao objeto *carro*. O mesmo não ocorreria se a categoria imaginada fosse VEÍCULO, tendo em vista que os padrões de comportamento motor são muito diferentes quando se dirige um carro, uma moto ou um barco, por exemplo.

O critério (ii) também pode ser facilmente contemplado, já que é plenamente possível estabelecer uma imagem mental única de CARRO (mas não de VEÍCULO). Do mesmo modo, é possível reconhecer um carro por sua forma global similar a outros carros, mas não é possível reconhecer a categoria VEÍCULO pela similaridade de forma entre seus membros (critério (iii)). Por fim, é mais fácil para os falantes reunir um conjunto de informações úteis sobre CARRO do que sobre VEÍCULO (critério (iv)).

As pesquisas apontam também a existência de dois outros níveis relevantes: o superordenado e o subordinado. O nível superordenado apresenta as seguintes características:

(i) A semelhança entre os membros é baixa, em contraste com a semelhança entre os membros das categorias de nível básico.
(ii) O número de atributos definidores de seus membros é mais baixo do que nas categorias de nível básico.
(iii) Os nomes das categorias superordenadas são nomes não contáveis, enquanto os nomes das categorias de nível básico costumam ser contáveis.

Observemos o seguinte diálogo:

(9) A: Não tenho visto mais o João no ponto de ônibus.
B: Ah, é porque ele comprou um *carro/Mercedes/veículo*.

Conforme ilustram as possibilidades de resposta, os termos *carro*, *Mercedes* ou *veículo* poderiam ter sido usados pelo interlocutor B para indicar o mesmo referente. Entretanto, *Mercedes* (categoria subordinada) ou *veículo* (categoria superordenada) tornariam a resposta menos neutra. Se optasse por *Mercedes*, B permitiria inferências adicionais associadas à especificação do tipo de carro, como a suposição de que a situação financeira de João atingiu patamar mais elevado. Por outro lado, a escolha do termo *veículo* poderia indicar que o interlocutor sabe apenas que João dispõe agora de um meio de transporte próprio, mas não tem certeza se é uma bicicleta, uma moto ou um carro, por exemplo.

Tomemos, agora, a categoria superordenada LOUÇA. De fato, a semelhança entre seus membros (travessa, prato, copo etc.) é menor do que a semelhança entre os membros da categoria básica PRATO (prato raso, prato fundo, prato de sobremesa etc.), em conformidade com o item (i). O número de atributos definidores dos membros da categoria LOUÇA é menor do que o número de atributos definidores dos membros das categorias básicas. A categoria LOUÇA pode ser definida a partir do atributo [utensílio utilizado nas refeições]; já a categoria PRATO apresenta também os atributos [utensílio onde é colocada a comida] e [utensílio de uso individual]; por fim, de acordo com a característica (iii), enquanto *louça* é um nome não contável, *travessa*, *prato* e *copo* são nomes contáveis, como ilustra o enunciado a seguir:

(10) Depois da festa, lavei *a louça*: *cinco travessas*, *vinte pratos* e *vinte copos*.

A impossibilidade de pluralizar *louça* confirma seu *status* de categoria superordenada, ao passo que a pluralização de *travessa*, *prato* e *copo* reflete o fato de esses termos designarem níveis básicos de categorização.

No que se refere ao nível subordinado, as categorias diferem minimamente da categoria hiperonímica, situada imediatamente acima na hierarquia. Assim, os indivíduos tendem a listar praticamente os mesmos atributos para PRATO e PRATO DE SOPA (em geral, lista-se apenas uma propriedade a mais para esse último).

É interessante notar que os falantes normalmente percebem os termos de nível básico como os verdadeiros nomes do referente. Esses termos costumam ser mais curtos do que os termos em outros níveis (normalmente monomorfêmicos) e não costumam ser criados como extensões metafóricas a partir de outros domínios.

Protótipos e efeitos prototípicos

Entre protótipos e fronteiras categoriais há membros intermediários, organizados em termos de uma escala de prototipicidade. A organização categorial envolve desde representantes mais centrais, com suficiente similaridade ao protótipo, até representantes muito periféricos, que constituem efeitos do protótipo e apresentam poucos traços em comum com o núcleo categorial. É o que se observa em relação aos membros *sabiá*, *avestruz* e *pinguim*, cujos traços da categoria AVE são os seguintes:

SABIÁ	AVESTRUZ	PINGUIM
tem bico	tem bico	tem bico
tem dois pés	tem dois pés	tem dois pés
põe ovos	põe ovos	põe ovos
tem duas asas	tem duas asas	
tem penas	tem penas	
pode voar		

Tabela 1 – Traços de membros da categoria AVE.

A tabela indica que apenas o *sabiá*, entre os três animais selecionados, ocupa o núcleo prototípico da categoria AVE. O *avestruz* apresenta quase todos os traços definidores da categoria, com exceção de um (*"poder voar"*), e fica, portanto, um pouco afastado do protótipo. O pinguim, por sua vez, apresenta apenas três traços, ficando mais próximo à fronteira categorial.[6] A figura seguinte ilustra essa distribuição:

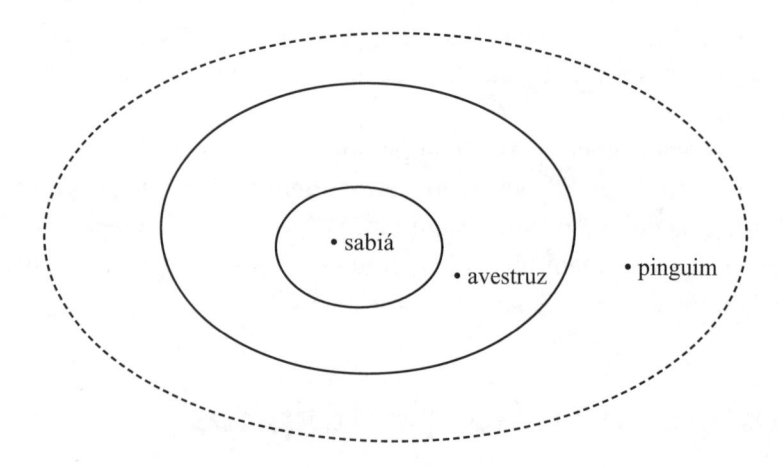

Figura 4 – Categoria radial.

É preciso ressaltar, entretanto, que nem sempre a avaliação de similaridade toma o protótipo como referência, posicionando os demais membros em função do grau de compartilhamento de atributos abstratos e independentes do elemento central. Rosch (1999) salientou que há várias outras formas pelas quais as categorias prototípicas podem ser formadas. Algumas são baseadas em frequência estatística, calculada em termos do número ou média de vários atributos (em estruturas do tipo *semelhança familiar*). Outras categorias são formadas em torno de ideais salientes por força de fatores fisiológicos (ex. boa forma, cor focal); de objetivos específicos (ex. a categoria "comidas para dieta" tem como ideal a proximidade a zero caloria) ou de experiência individual (o ideal se torna saliente em função do significado emocional).

O papel do contexto e dos modelos culturais

Como a pesquisa pioneira de Labov já havia demonstrado em relação à categoria CUP, vários estudos posteriores confirmaram que os indivíduos representam certas propriedades categoriais de forma diferente em diferentes contextos.

Consideremos as seguintes sentenças:

(11) Eles decidiram enfeitar a árvore do jardim para o Natal.
(12) Os meninos passavam tardes inteiras trepados na árvore, colhendo mangas.
(13) A brisa balançava as árvores na orla baiana.

Em função do contexto linguístico, é natural que em cada uma das sentenças formemos uma diferente imagem mental das árvores denotadas. No contexto de Natal, contexto no exemplo (11), a árvore mais provável seria um pinheiro. Já no contexto (12), o tipo de fruta colhida remete-nos a uma mangueira. Por fim, no exemplo (13), provavelmente se imagina coqueiros.

Esses exemplos sugerem que o exemplar mais prototípico de uma categoria também pode depender do contexto. E os membros centrais dependentes do contexto podem ser completamente diferentes dos protótipos não contextualizados.

Mas o que é contexto?

Tendo em vista que o contexto pode promover a reestruturação categorial, é preciso compreender melhor a definição desse conceito. Embora a caracterização de contexto como fenômeno mental seja o ponto de partida para diferentes definições, as pesquisas em Linguística Cognitiva têm descartado a noção de representação mental abstrata e preexistente (normalmente adotada nas pesquisas de base psicológica), para caracterizá-lo como evento mental rico, imagístico, sensorial e corpóreo. A segunda opção se relaciona à *hipótese da base corpórea da cognição* (*embodiment hypothesis*), cuja principal premissa é a de que as experiências vividas pelos indivíduos através de seus corpos em ação fornecem a base fundamental para a cognição, influenciando atividades cognitivas tais como percepção, formação de conceitos, imagística mental, memória, raciocínio, linguagem, emoções e consciência (Gibbs, 2006).

As experiências cognitivas locais, como registros compartilhados de uma conversa em andamento (**contexto linguístico**) ou parâmetros relacionados ao tipo de evento de fala (**contexto social**) caracterizam a primeira acepção de contexto.

O contexto linguístico constitui a base comum (*personal common ground*) que, de acordo com Clark (1996), apresenta três aspectos:

(i) discurso precedente – aquilo que foi dito imediatamente antes do termo em foco.
(ii) ambiente linguístico imediato – a expressão ou frase em que o termo ocorre. É o ambiente linguístico imediato que possibilita interpretações diferentes para o mesmo vocábulo – a compreensão da palavra *manga* de formas distintas em "O menino comeu a manga" e "A manga da camisa está manchada", por exemplo.
(iii) tipo de discurso – o gênero textual (poema, romance, livro didático, carta pessoal, conversação entre amigos etc.); o registro (formal ou informal) e o campo discursivo (legal, eclesiástico, político etc.) de ocorrência do termo.

O contexto social reflete o tipo de situação em que os participantes estão imersos e as relações sociais estabelecidas entre eles (incluindo relações de poder). A representação dos estados mentais dos demais participantes da conversa tem sido destacada como uma das facetas mais relevantes na interação social (Levinson, 2000; Givón, 2005). Assume-se que o falante não apenas constrói mentalmente a realidade física externa, mas também os estados mentais de conhecimento, crença e intenção de seus interlocutores.

A segunda acepção de contexto relaciona-se à memória permanente. Em experimento envolvendo a cor vermelha, Halff, Ortony e Anderson (1976) observaram representações distintas em contextos referentes a maçãs, legumes, batatas ou vinhos. Isso indica que as categorias cromáticas podem variar quanto ao seu núcleo prototípico em função de sua associação a diferentes domínios cognitivos. Assim, o vermelho prototípico para maçã será diferente do vermelho prototipicamente relacionado a vinho tinto.

As representações cognitivas referentes a modelos culturais também podem influenciar a estrutura categorial. Em experimento realizado por Barsalou e Medin (1986), verificou-se que pássaros típicos do ponto de vista dos americanos, *robins* e *eagles*, são atípicos do ponto de vista dos chineses,[7] o que também sugere a relação entre protótipos e fatores culturais. Portanto, não constituem, necessariamente, representações abstratas que emergem de instâncias específicas de um determinado conceito.

Como exemplo do efeito dos modelos culturais no processo de categorização, Ungerer e Schmid (1996) discutem a categoria PRIMEIRA REFEIÇÃO DO DIA, comparando os protótipos categoriais em francês e inglês. Enquanto a categoria *petit déjeuner* costuma apontar para uma refeição bastante frugal, o mesmo não ocorre com a categoria *breakfast*. Vejamos:

Petit Déjeuner (modelo francês)	*Breakfast* (modelo inglês)
café croissant	cereal e leite chá ou café, suco de laranja torradas, manteiga, geleia bacon, ovos, salsicha, tomates

Tabela 2 – Protótipos categoriais para a primeira refeição do dia.

Os dois tipos de café da manhã são tão diferentes por refletirem modelos culturais distintos relacionados à primeira refeição do dia. De acordo com o modelo francês, o café da manhã tem menor importância porque o almoço deve ser uma refeição reforçada, seguida de um jantar também substancial. O modelo inglês, por outro lado, prevê que a primeira e a última refeição devem ser consistentes, enquanto que a refeição intermediária deve ser leve.

No próximo capítulo, a questão dos modelos cognitivos e culturais será aprofundada, a partir do detalhamento das principais propostas que inter-relacionam linguagem e estruturas de conhecimento armazenadas na memória permanente.

Exercícios

I. Desenhe (ou recorte de uma revista) exemplos prototípicos e exemplos fronteiriços das categorias GARRAFA, COPO, VASO e TIGELA, e use-os como estímulos para uma tarefa de nomeação entre seus amigos ou sua família. Analise os resultados em termos de "perfis de consistência".

II. Considere as seguintes sentenças:

1. (a) Todo aquele que destrói a natureza é um <u>perfeito</u> idiota.
   (b) Todo aquele que destrói a natureza é <u>meio</u> idiota.

2. (a) O início da palestra será às dez horas <u>em ponto</u>.
   (b) O início da palestra será <u>tipo</u> dez horas.

3. (a) A França tem <u>exatamente</u> a forma de um hexágono.
   (b) A França tem <u>aproximadamente</u> a forma de um hexágono.

As palavras sublinhadas em cada par de sentenças acima são normalmente classificadas como "anguladores" (*hedges*) e têm como uma de suas funções sinalizar a localização de entidades ou eventos em uma determinada estrutura categorial. Com base nessa informação, identifique a maneira pela qual as expressões sublinhadas em (a) diferem das expressões sublinhadas em (b) em relação à função de angulação.

III. Em relação aos exemplos do exercício anterior, identifique possíveis paráfrases para as expressões sublinhadas.

IV. O termo *diminutivo* indica, normalmente, um afixo com o significado *pequeno* adicionado a uma palavra. Evans e Green (2006) discutem os seguintes dados de *diminutivo*, que apresentam as formas sufixais *-ino*, *-etto*, e *-ello* em italiano:

(1) paese   paesino
    'país'   'vila'
(2) mamma   mammina
    'mãe'   'mãezinha'

(3) sinfonia   sinfonietta
    'sinfonia' 'sinfonieta'
(4) cena   cenetta
    'ceia'   'ceia leve'
(5) pioggia   pioggerella
    'chuva'   'garoa'
(6) bello   bellino
    'belo'   'bonitinho'

Os diminutivos também podem ser acrescentados a verbos (os sufixos verbais *-icchiare* e *-ucchiare*):

(7) dormire   dormicchiare
    'dormir'   'tirar uma soneca'
(8) lavorare   lavoricciare
    'trabalhar' 'dar uma trabalhada'
(9) parlare   parlucchiare
    'falar'   'falar pouco' [ex. uma língua estrangeira]

Com base nos dados acima, identifique o tipo de categoria formada pelo diminutivo em italiano, estabelecendo as relações entre os sentidos existentes.

V. Kopatsch (2007) investigou as diferenças de categorização entre estudantes nigerianos e americanos. Uma das categorias analisadas foi ROOF ("telhado/teto"), e os estudantes participaram de um experimento no qual deveriam apontar atributos relacionados à categoria. Como o inglês é o idioma nacional dos Estados Unidos e a língua oficial da Nigéria (falada como segunda ou terceira língua por todas as pessoas com nível superior), seria esperado, a princípio, que o modelo cognitivo associado ao termo ROOF fosse compartilhado por ambos os grupos. Entretanto, os resultados demonstraram diferenças importantes, apresentadas no quadro a seguir:

ROOF	ESTADOS UNIDOS	ROOF	NIGÉRIA
house (*casa*)	45, 8%	coverage of a house/a building (*cobertura de uma casa/prédio*)	43, 7%
top of the house/building (*topo de casa/prédio*)	37, 5%	zinco (*zinco*)	43, 7%
top (*topo*)	29, 2%	top of a house/building (*topo de uma casa/prédio*)	38, 0%
covering (*cobertura*)	25%	wood/timber (*madeira/viga*)	26, 8%
protection (*proteção*)	20, 8%	ceiling (*teto*)	18, 3%
shingles (*telha*)	20, 8%	nails (*pregos*)	15, 5%

Com base nos resultados acima, responda às seguintes perguntas:
(i) Que atributos foram associados à categoria ROOF tanto por americanos quanto por nigerianos?
(ii) Em que aspectos os dois grupos diferiram?
(iii) O que se pode concluir a respeito dessas diferenças?

Notas

[1] Os traços podem ser binários ou não. No caso de traços binários, os símbolos + e – são acrescentados para indicar, respectivamente, a presença ou ausência do traço. [MACHO+], por exemplo, indica entidade do sexo masculino, enquanto [MACHO-], por indicar ausência do traço de masculinidade, caracteriza entidade do sexo feminino.
[2] A noção de *frame* será detalhada no capítulo "*Frames* e modelos cognitivos idealizados", seção "*Frames*".
[3] A tese de Sapir e Whorf propõe que a linguagem determina a maneira como categorizamos a realidade. Conhecida como "relativismo linguístico", essa tese concebe as línguas como fenômenos sociais e convencionais que podem variar umas em relação às outras de modo bastante radical.
[4] Os trabalhos iniciais de Eleanor Rosch, que enfocaram a categorização de cores, foram publicados sob o sobrenome Heider, que a autora portava à época. As referências desses trabalhos são Heider (1971), Heider (1972) e Heider e Oliver (1972).
[5] Os resultados empíricos demonstram que o fato de alguns exemplares serem considerados mais próximos ao protótipo e, por essa razão, julgados melhores exemplares da categoria não está necessariamente associado à possibilidade de maior frequência desses exemplares, já que mesmo instâncias raras da categoria podem ser mais próximas ao protótipo do que itens mais frequentes. Rosch (1975) demonstrou que as pessoas reconhecem mais facilmente, como membros da categoria MOBÍLIA, itens como *divã*, *escrivaninha* e *baú* do que objetos frequentemente usados, como *refrigerador*.
[6] A morfologia dos pinguins reflete várias adaptações à vida no meio aquático: o corpo é fusiforme; as asas atrofiadas desempenham a função de nadadeiras; e as penas são impermeabilizadas através da secreção de óleos, tendo características mais semelhantes a pelos.
[7] Em português, esses pássaros recebem, respectivamente, a denominação "pisco de peito vermelho" e "águia".

Frames e Modelos Cognitivos Idealizados

As estruturas de conhecimento armazenadas na memória permanente têm papel decisivo na construção do significado. Na verdade, são essas estruturas que nos permitem explicar por que a interpretação envolve sempre mais informação do que aquela diretamente codificada na forma linguística. Como podemos saber que um *estacionamento rotativo* não é exatamente um estacionamento giratório? Ou que a expressão *final de semana* não designa literalmente os dois últimos dias da semana?

Para tratar da construção do significado a partir da linguagem, diferentes vertentes da Linguística Cognitiva têm buscado desenvolver conceitos que reflitam as estruturas de conhecimento subjacentes à linguagem.

Langacker (1987: 147) estabelece a noção de *domínio* para tratar de estruturas armazenadas na memória semântica permanente. O autor argumenta que *domínio* é o contexto de caracterização da unidade semântica, destacando como domínios mais básicos aqueles que apresentam estreita ligação com a experiência corporal: espaço, visão, temperatura, paladar, pressão, dor e cor.

O termo *círculo*, por exemplo, designa uma área perfilada[1] no espaço bidimensional, que atua como seu *domínio* (ou contexto). Já o termo *diâmetro* não pode ser adequadamente definido apenas com base no espaço bidimensional. Se assim fosse, representaria uma *linha* e não uma dimensão do círculo. Assim, o *domínio* para *diâmetro* é *círculo*.[2] A Figura 5 ilustra os dois casos:

CÍRCULO
Domínio: Plano Bidimensional

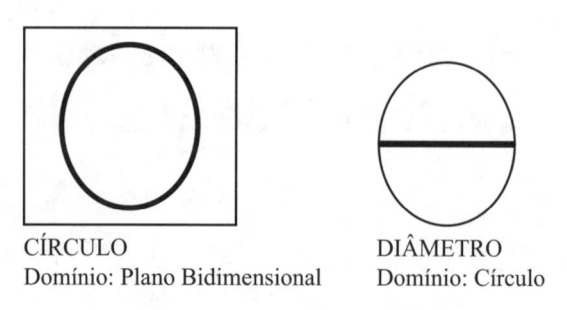

DIÂMETRO
Domínio: Círculo

Figura 5 – Domínio e perfilamento.

Além da noção de *domínio*, enfocada mais detalhadamente no capítulo dedicado à Gramática Cognitiva, a semântica cognitiva lança mão de duas outras noções inter-relacionadas cujo objetivo é descrever estruturas cognitivas permanentes e estáveis, associadas ao armazenamento de conhecimento culturalmente compartilhado. Trata-se das noções de **Frame** e **Modelo Cognitivo Idealizado**.

Frames

A *Semântica de Frames*,[3] abordagem desenvolvida por Charles Fillmore (1975, 1977, 1982, 1985), trata da estrutura semântica dos itens lexicais e construções gramaticais. O termo *frame* designa um sistema estruturado de conhecimento, armazenado na memória de longo prazo e organizado a partir da esquematização da experiência.

O autor argumenta, basicamente, que o significado das palavras é subordinado a *frames*. Assim, a interpretação de uma determinada palavra, ou de um conjunto de palavras, requer o acesso a estruturas de conhecimento que relacionam elementos e entidades associados a cenas da experiência humana, considerando-se as bases físicas e culturais dessa experiência. Em relação ao grupo de verbos *comprar*, *vender*, *pagar*, *gastar*, *custar*, *cobrar*, por exemplo, Fillmore (1982: 116-117) afirma ser necessário acessar o *frame* de EVENTO COMERCIAL para interpretá-los. É esse *frame* que fornece a base motivadora dos processos representados nessas palavras. Consideremos os seguintes exemplos:

(14)   Maria *comprou* um livro (por R$30,00).
(15)   João *vendeu* seu carro (por R$20.000,00).

(16) Maria *pagou* R$30,00 pelo livro.
(17) O livro *custou* R$30,00 (a Maria).
(18) Aquela loja *cobra* R$30,00 (pelo livro).

Todas as sentenças anteriores requerem acesso ao *frame* de EVENTO COMERCIAL para serem interpretadas, embora cada uma delas destaque aspectos particulares desse *frame* em função dos verbos selecionados. Vejamos, a seguir, uma representação das relações entre os papéis participantes: *vendedor*, *comprador*, *mercadoria* e *valor* no *frame* de EVENTO COMERCIAL, e o modo pelo qual os verbos mencionados nos exemplos relacionam essas entidades:

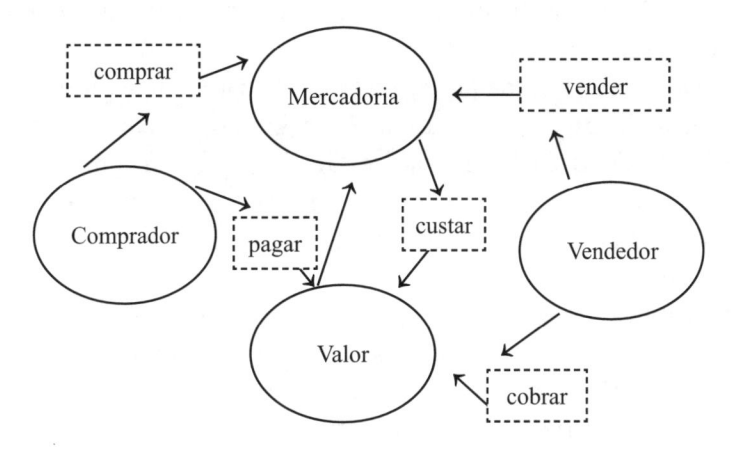

Figura 6 – Relações entre participantes do *frame* de EVENTO COMERCIAL.

A Figura 6 resume as principais relações estabelecidas pelos verbos listados nos exemplos (14) a (18): *comprar* destaca o *comprador* e a *mercadoria*; *vender* ressalta o *vendedor* e a *mercadoria*; *pagar* envolve o *comprador*, o *valor* e a *mercadoria*; *custar* coloca em proeminência a *mercadoria* e o *valor*; *cobrar* destaca o *vendedor* e o *valor*. Em suma, cada um desses verbos designa uma configuração particular de eventos. Dentro dessa perspectiva, o verbo escolhido pelo falante (por exemplo, *comprar* vs. *pagar*) designa uma *"rota"* específica em um determinado *frame*: um modo de relacionar os vários papéis participantes para destacar certos aspectos do *frame*.

De acordo com Fillmore, uma das consequências de um *frame* como o de EVENTO COMERCIAL é a valência, que diz respeito aos modos pelos quais os verbos podem ser combinados com outras palavras para produzir sentenças gramaticais. A valência de um verbo se relaciona ao número de participantes que o verbo requer. Por exemplo, *comprar* é tipicamente "bivalente", pois requer dois participantes, o *comprador* e a *mercadoria*; *pagar* é "trivalente", pois exige três participantes: o *comprador*, o *valor* e a *mercadoria*.[4]

Outro exemplo clássico discutido por Fillmore (1982) é a expressão *fim de semana*. Para entendermos a expressão, precisamos acionar o *frame* de CALENDÁRIO CÍCLICO, definido a partir de fenômenos naturais (a sucessão de dias e noites) e convenções culturais (a semana de sete dias, a divisão entre dias de trabalho e dias de descanso). A partir dessa base conceptual, o termo *fim de semana* destaca dois dias, justamente aqueles reservados para descanso do trabalho – no caso, o 7º dia de uma semana (sábado) e o 1º dia de outra (domingo), e não os dias finais da semana (6º e o 7º), como se poderia esperar a partir de uma leitura literal da expressão.

A noção de *frame* pode também ser usada para descrever diferenças no domínio social de uso de uma palavra. Por exemplo, em contexto jurídico, os conceitos de INOCENTE e CULPADO são destacados a partir de um *frame* no qual inocência e culpa são resultados de um julgamento em tribunal. Fora desse domínio, as palavras indicam apenas que a pessoa cometeu ou não determinado crime (Fillmore, 1982: 127-129).

Outro aspecto importante do significado é o fato de algumas palavras denotarem a mesma coisa no mundo, mas destacadas a partir de diferentes *frames* (Fillmore, 1982: 121). Tanto TERRA quanto SOLO designam a superfície seca de nosso planeta, mas TERRA denota a superfície seca em contraste com o mar. É o caso da expressão "Terra à vista!", que pode ser emitida por tripulantes de um navio. SOLO denota a superfície seca em contraste com o ar, como ilustra a sentença "Os **aviões** percorrem uma certa distância em **solo** antes de decolar".

Esse aspecto do significado das palavras é bastante importante quando se contrastam termos para designar as "mesmas coisas" em línguas diferentes. As palavras inglesas FLESH e MEAT indicam carne, mas a primeira o faz a partir de um *frame* de anatomia (*substância macia localizada entre a pele e o osso no corpo dos animais*), e a segunda em relação a um *frame* de comida (*carne de animais usada na alimentação*). Em português, esse contraste não se mantém, e a designação CARNE pode ser relativizada tanto ao *frame* anatômico quanto ao culinário. Do mesmo modo, ESCADA, em português, denota uma estrutura que apresenta diferentes degraus, cuja função é ligar locais com diferença de nível vertical. Em inglês, essa estrutura é designada a partir de dois *frames* distintos: STAIRS (estrutura fixa em edifícios, casas etc.) e LADDER (estrutura móvel que pode ser deslocada para diferentes locais).

É interessante notar, ainda, que o mesmo termo pode apresentar significados distintos, se estiver associado a diferentes *frames*. A expressão CONTROLE DE IMAGEM pode estar associada a um *frame* de medicina, indicando atividade de controle da imagem radiográfica, com o objetivo de obter maior nitidez; mas também pode estar associada a um *frame* de política, destacando o tipo de estratégia adotada por um grupo de candidatos para passar uma imagem de confiabilidade aos eleitores. É nesse sentido que se pode dizer que o significado das palavras e expressões é, em parte, uma função do *frame* que lhes dá sustentação.

Nota-se, portanto, que a noção de *frame* traz implicações ao entendimento de noções problemáticas como *significado* e *conceito*. A visão tradicionalmente aceita assume que palavras específicas correspondem a conceitos particulares, essencialmente idênticos na mente dos falantes. Sendo assim, esses conceitos são, muitas vezes, caracterizados em termos objetivos com base no estabelecimento de listas de traços semânticos. A noção de *frame* desafia essa suposição, na medida em que descarta a visão de significado como *entidade*, e aposta no tratamento do significado como *função*.

Modelos Cognitivos Idealizados

Associando a noção de *frame* a processos de categorização, Lakoff (1987) desenvolveu o conceito de Modelo Cognitivo Idealizado (MCI), definindo-o como um conjunto complexo de *frames* distintos.

A noção de MCI, embora também represente uma estrutura de conhecimento armazenada na memória de longo prazo, pode ser mais complexa e organizada do que a noção de *frame*. De acordo com Lakoff, os MCI's dependem de três tipos de princípio estruturante em sua composição:

(a) Estrutura proposicional

Trata-se aqui do mesmo tipo de estrutura reivindicada por Fillmore para os *frames*. A expressão *terça-feira*, por exemplo, só pode ser definida em relação a um modelo idealizado que inclui o ciclo natural estabelecido pelo movimento do sol; o modo tradicional de caracterizar o fim de um dia e o início de outro e um ciclo mais amplo no calendário, relacionado à semana de sete dias. Nesse modelo idealizado, a semana é um todo que se divide em sete partes organizadas em sequência linear: cada parte é denominada *dia*, e a terceira parte é a *terça-feira*.

O modelo é idealizado, porque a semana de sete dias não existe objetivamente na natureza. Trata-se de uma criação humana e, na verdade, nem todas as culturas têm os mesmos tipos de semana.⁵

(b) Esquemas imagéticos

Os esquemas imagéticos podem fundamentar a estrutura conceptual dos MCI's. Nossa experiência do ESPAÇO é estruturada, em grande parte, com base nos esquemas imagéticos de CONTÊINER, PARTE-TODO, FRENTE-TRÁS, CIMA-BAIXO, ORIGEM-TRAJETO-DESTINO etc.⁶

(c) Metafóricos e metonímicos

Os MCIS podem ser estruturados por projeção metafórica ou metonímica, nos moldes propostos por Lakoff e Johnson (1980). Por exemplo, o MCI de TEMPO costuma ser metaforicamente estruturado em termos de ESPAÇO, como ilustrado na sentença *As horas passam voando*.⁷

Outra característica importante dos MCI's é o fato de apresentarem *efeitos prototípicos*, definidos como efeitos emergentes da interação de um dado esquema com outros esquemas. Tais efeitos podem ser simples ou complexos, conforme descrevem as próximas subseções.

Efeitos prototípicos simples

Para ilustrar o efeito prototípico simples, Lakoff (1987: 70) retoma um exemplo clássico discutido por Fillmore (1982): a categoria definida pela palavra inglesa BACHELOR (*solteirão*).

A princípio, o nome *bachelor* pode ser atribuído a um homem adulto não casado. Entretanto, Fillmore chama atenção para o fato de que o nome só existe para categorizar pessoas em uma sociedade em que certas expectativas sobre casamento se mantêm. Por isso, o nome não é normalmente usado para descrever o Papa, ou um garoto abandonado na floresta que tenha atingido a maturidade sem contato com as sociedades.

Na verdade, *bachelor* só pode ser adequadamente definido com relação a um MCI no qual há uma sociedade humana que prevê casamentos tipicamente monogâmicos e uma idade apropriada para a realização dessa convenção.

Trata-se de um modelo idealizado que, portanto, não considera a existência de padres, casais estáveis não casados, homossexuais, polígamos etc.

Embora em termos do Modelo Cognitivo Idealizado *bachelor* seja apenas um homem adulto não casado, essa idealização nem sempre corresponde ao mundo de forma precisa, dada a simplificação inerente às suas suposições básicas. Há setores da sociedade encaixados perfeitamente no modelo idealizado, de modo que homens adultos não casados podem ser chamados de *bachelor*. Mas o MCI não serve para o caso do Papa ou de pessoas abandonadas na selva, como o Tarzan. Embora esses indivíduos sejam homens, adultos e não casados, certamente não representam a categoria em questão.

Associando a noção fillmoreana de *frame* aos achados sobre categorização, Lakoff argumenta que os MCIs promovem efeitos prototípicos, ou seja, um MCI pode se adequar ao mundo de várias formas: *perfeitamente, muito bem, bem, um pouco mal, muito mal* ou *de jeito nenhum*. Se o MCI a partir do qual *bachelor* é definido corresponde a uma determinada situação perfeitamente e a pessoa designada pelo termo é inequivocamente um homem, adulto, não casado, então esse indivíduo se qualifica como membro da categoria *bachelor*. Mas se o MCI não corresponde ao mundo perfeitamente, o indivíduo se afastará da situação prototípica de *bachelor*.

Não se deve deduzir do que foi exposto que *bachelor* é uma categoria gradiente. Lakoff esclarece que o MCI, por seu caráter idealizado, caracteriza casos representativos (tudo ou nada). A gradiência surge do grau em que o MCI não gradiente corresponde ao nosso conhecimento de mundo. Não se trata de estabelecer se um conceito corresponde ao mundo ou não (como seria o caso em uma teoria objetivista), mas sim de reconhecer que podemos aplicar conceitos com graus variados de acuidade em situações cujas condições básicas do MCI não entrem em conflito com nosso conhecimento. Quanto maior a adequação entre o MCI e o nosso conhecimento da situação, mais apropriada será a aplicação do conceito; quanto menor a adequação, menor a probabilidade de aplicação bem sucedida do mesmo. É a esse tipo de gradiência que Lakoff denomina efeito prototípico simples.

Efeitos prototípicos complexos

Os efeitos prototípicos podem também resultar da combinação de modelos complexos. Para ilustrar essa possibilidade, Lakoff (1987: 74-6) analisa a palavra *mãe*, tradicionalmente definida como *mulher que deu à luz uma criança*, demonstrando que essa definição não recobre todos os casos.

Lakoff propõe que *mãe* constitui um conceito baseado na combinação de modelos cognitivos individuais, formando um modelo complexo. São eles:

(a) modelo de nascimento: a pessoa que dá à luz
(b) modelo genético: a pessoa que contribui com material genético
(c) modelo de criação: a pessoa que alimenta e cria a criança
(d) modelo marital: a mulher do pai
(e) modelo genealógico: a ancestral mais próxima

Frequentemente, há pressão para se escolher um dos modelos como aquele que *realmente* define o conceito. Em geral, o modelo selecionado varia de acordo com o contexto ou a escolha individual. Vejamos alguns exemplos:

(19) Eu sou adotado, e eu não sei quem é minha *mãe verdadeira*.
(20) Eu não sou uma pessoa maternal, então eu acho que eu não poderia ser uma *mãe de verdade* para nenhuma criança.
(21) Minha *verdadeira mãe* morreu quando eu nasci.
(22) Eu tive uma *mãe genética* que deu o óvulo implantado no útero da minha *verdadeira mãe*.

Lakoff propõe que o conceito idealizado de MÃE é aquele no qual todos os modelos convergem, sendo, portanto, capaz de promover efeitos prototípicos.

Quando a situação é tal que os modelos para MÃE não selecionam uma pessoa apenas, surgem expressões compostas como *mãe adotiva*, *mãe biológica*, *mãe de aluguel*, *mãe de criação*, *mãe de leite* etc. Esses compostos não representam subcategorias simples, ou seja, mães comuns. Ao contrário, descrevem casos nos quais há falta de convergência entre os vários modelos.

Exercícios

I. Fillmore (1982) chama atenção para a existência de enquadres alternativos (*alternative framings*) para uma mesma situação. É o caso dos adjetivos ingleses *stingy* (sovina), que significa uma avaliação negativa em relação ao *frame* de dar e compartilhar, e *thrifty* (econômico) que ativa um *frame* de administração de recursos. Com base nesses exemplos, determine os enquadres alternativos ativados pelos termos sublinhados a seguir:

(a)
   1. Ela é uma pessoa <u>expansiva.</u>
   2. Ela é uma pessoa <u>folgada.</u>

(b)
   1. Os <u>prisioneiros</u> fizeram uma rebelião.
   2. Os <u>bandidos</u> fizeram uma rebelião.

(c)
   1. Eles são <u>imaturos,</u> por isso agem assim.
   2. Eles são <u>jovens,</u> por isso agem assim.

II. Identifique os *frames* associados aos seguintes itens lexicais:

(a) viúva
(b) órfão
(c) celibatário
(d) abstêmio

III. Levando-se em conta a ativação de diferentes *frames* para conceptualizar uma mesma situação, pode-se dizer que os itens lexicais *primeira-dama* e *esposa do presidente* ativam exatamente o mesmo significado? Por quê?

IV. Os Modelos Cognitivos Idealizados são modelos complexos que combinam vários modelos individuais. Assim, o conceito idealizado de *primeira-dama* é aquele que congrega o seguinte conjunto de modelos:

(a) Modelo familiar – dedica-se aos afazeres domésticos; cuida do marido, dos filhos e da casa.
(b) Modelo conjugal – é a esposa de um governante ou político.
(c) Modelo assistencialista – coordena projetos beneficentes e atividades assistenciais.
(d) Modelo engajado – engaja-se, como colaboradora, em atividades de suporte à carreira política do marido.
(e) Modelo político – atua ativamente em áreas políticas específicas do governo de seu marido.

A realidade, entretanto, nos mostra que nem todas as mulheres que desempenham o papel de *primeira-dama* correspondem ao conceito idealizado. Tendo os modelos acima em mente, faça uma pesquisa na internet e determine o grau com que Hillary Clinton, Michelle Obama, Ruth Cardoso e Carla Bruni se aproximam do MCI de *primeira-dama*: (para facilitar a análise, utilize a classificação *perfeitamente, muito bem, bem, mais ou menos, mal, de jeito nenhum*).

V. Analise a seguinte sentença e explique o uso da expressão sublinhada: "Quem assume o cargo de técnico daquele time precisa ser <u>uma espécie de</u> primeiro-ministro e exercer o poder executivo de fato."

Notas

[1] O termo *profiled* será tecnicamente traduzido como *perfilado* na Gramática Cognitiva proposta por Ronald Langacker. O termo faz referência ao aspecto de uma determinada base conceptual colocado em destaque ou proeminência por uma expressão linguística.

[2] Para maior detalhamento da noção de domínio, ver capítulo "Gramática Cognitiva", seção "Domínio e domínio matriz".

[3] Apesar de algumas traduções já terem sido sugeridas para o termo *frame* (enquadre, moldura etc), mantenho o termo em inglês para preservar o caráter técnico do mesmo.

[4] Em relação a esse assunto, vale destacar o projeto *FrameNet*, iniciado por Charles Fillmore no final dos anos 1990, em parceria com Sue Atkins, no Instituto de Ciência da Computação, na Universidade da Califórnia, Berkeley. O projeto está criando um banco de dados lexicais para o Inglês, baseado na semântica de *frames* e sustentado por evidências oriundas de várias pesquisas. O objetivo é documentar a gama de possibilidades combinatórias semânticas e sintáticas (valência) de cada palavra em cada um de seus sentidos, através de um corpus anotado de sentenças, tabulação automática e disponibilização de resultados de anotação. O principal produto desse trabalho, o banco de dados *FrameNet*, possui atualmente mais de 11.600 unidades lexicais, já tendo passado por cinco versões. É atualmente usado por milhares de pesquisadores, professores e estudantes em todo o mundo.

[5] Para exemplificação de diferenças culturais associadas a estruturas de semana, ver Lakoff (1987: 69), sobre o sistema de calendários da cultura balinesa.

[6] Em relação à noção de esquema imagético, ver capítulo "Gramática Cognitiva", seção "Desdobramento de perspectiva".

[7] Esse assunto será retomado no capítulo "Metáforas e metonímias", seção "Metáforas de tempo", em que se discute a metáfora TEMPO É ESPAÇO.

Gramática Cognitiva

A ideia de que o significado é construído cognitivamente constitui um dos pilares fundamentais da **Gramática Cognitiva**.[1] Neste capítulo, serão enfocados os conceitos de *domínio*, *domínio matriz* e *imagética convencional*[2] (Langacker, 1987, 1990, 1991), *sistema imagético*[3] (Talmy, 1985, 1988) e *esquema imagético*[4] (Lakoff, 1987; Johnson, 1987; Lakoff e Turner, 1989), relacionados à capacidade de estruturar de modos alternativos o conteúdo de um domínio conceptual.

Domínio e domínio matriz

No modelo langackeriano, as estruturas gramaticais são concebidas como inerentemente simbólicas, fornecendo a estruturação e a simbolização convencional do conteúdo conceptual. Logo, o significado é relacionado à conceptualização, e o objetivo da semântica é direcionado à descrição explícita de entidades abstratas, como pensamentos e conceitos.

Sendo assim, rejeita-se a ideia de estruturas semânticas reduzidas a um conjunto de traços (nos termos propostos por Katz e Fodor, 1963). Em vez disso, as estruturas semânticas, tecnicamente denominadas *predicações*, são caracterizadas em relação a DOMÍNIOS, que podem incluir experiências perceptuais, conceitos, complexos conceptuais e sistemas elaborados de conhecimento. A descrição semântica de uma expressão, portanto, parte de uma concepção integrada de abrangência complexa e, possivelmente, enciclopédica.

Consideremos alguns exemplos. Na sentença "A **preguiça dorme** quatorze horas por dia, pendurada em galhos", o significado de *galhos* pressupõe a concepção de árvore; na sentença "Eles viajarão em setembro", precisamos nos apoiar na concepção do calendário dividido em 12 meses e destacarmos o nono mês.

Em suma, a caracterização completa de uma estrutura semântica deve incorporar uma descrição igualmente detalhada de seu domínio e, em última análise, de toda a hierarquia de concepções mais fundamentais das quais a estrutura semântica em questão depende.

Langacker ressalta, ainda, que as predicações são normalmente caracterizadas relativamente a mais de um domínio de especificação, organizados hierarquicamente e denominados coletivamente DOMÍNIO MATRIZ. É o que se observa no caso da estrutura semântica da expressão COTOVELO:

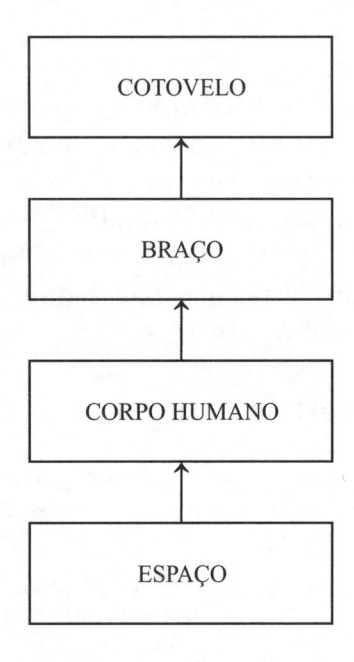

```
┌─────────────┐
│  COTOVELO   │
└─────────────┘
       ↑
┌─────────────┐
│   BRAÇO     │
└─────────────┘
       ↑
┌─────────────┐
│ CORPO HUMANO│
└─────────────┘
       ↑
┌─────────────┐
│   ESPAÇO    │
└─────────────┘
```

Figura 7 – Hierarquia de complexidade semântica da expressão COTOVELO.

Na figura anterior, representa-se a dependência do significado de COTOVELO ao conceito de BRAÇO, que, por sua vez, é compreendido em relação ao domínio CORPO e, por fim, ao domínio ESPAÇO.

Obviamente, essas especificações não têm o mesmo *status*. Há diferenças quanto à centralidade, refletidas em diferentes probabilidades de ativação de determinada dimensão em um contexto específico. Por exemplo, enquanto o significado de *cotovelo* em "Ele está com o cotovelo machucado e não pode jogar vôlei" prioriza o domínio BRAÇO, na sentença "O desportista está com as articulações perfeitas, inclusive o cotovelo", *cotovelo* vai ativar simultaneamente os domínios BRAÇO e CORPO HUMANO.

Algumas predicações dependem de um domínio matriz complexo, e não necessariamente hierárquico, para a especificação semântica. O item *panela* tem como uma das dimensões da sua estrutura semântica a forma. Outra dimensão possível tem a ver com o papel canônico da panela em atividades culinárias. Pode-se, ainda, referenciá-la ao conjunto de objetos que servem para cozinhar (frigideira, caçarola etc.), à existência de protestos em que se usam panelas, e assim por diante.

Após a identificação e descrição do domínio ou matriz complexa que uma expressão evoca, o próximo passo para a caracterização semântica desta é o estabelecimento de sua *imagética convencional*.

Imagética convencional

O termo *imagética convencional* refere-se à capacidade de estruturar o conteúdo de um domínio de modos alternativos. A seguir, as seguintes dimensões imagéticas serão detalhadas: *nível de especificidade*, *proeminência* e *perspectiva*.

Nível de especificidade

Observemos a hierarquia a seguir, em que as setas indicam a especificidade de cada termo em relação ao anterior:

animal→ *mamífero*→*cachorro*→*pastor-alemão*

Se tomarmos, por exemplo, os nomes *animal* e *mamífero*, veremos que *mamífero* constitui uma elaboração de *animal* em detalhes mais precisos, e assim sucessivamente até o final da escala.

Da direita para a esquerda, por outro lado, as expressões ficam mais esquemáticas (genéricas). Assim, o termo *animal* é esquemático para tudo o que está à sua direita. Em determinado contexto, posso dizer "Vi um cachorro na estrada", mas posso escolher uma referência mais esquemática e dizer "Vi um animal na estrada", ou, ao contrário, optar por um nível de especificidade maior e relatar que "Vi um pastor-alemão na estrada".

No caso de verbos, o mesmo fenômeno pode ocorrer, como ilustra a hierarquia seguinte, em que as ações ficam mais específicas da esquerda para a direita:

fazer→*cozinhar*→*fritar*

Assim, em relação à mesma situação, podemos dizer "Maria está fazendo algo na cozinha", "Maria está cozinhando" ou "Maria está fritando pastéis". A escolha dependerá do nível de especificidade com o qual quisermos retratar a cena. Operamos em níveis bastante diferentes por motivos distintos. Tudo depende do contexto discursivo e do nosso propósito comunicativo em determinada situação.

As relações de esquematicidade também exercem papel fundamental na descrição das estruturas gramaticais. Se observarmos o verbo *beber*, veremos que estabelece referência esquemática a dois participantes (agente e paciente da ação, respectivamente). No caso da sentença "João bebe água", por exemplo, especificam-se o agente (João) e o paciente (água). O esquema a seguir ilustra o fenômeno:

Construção esquemática Beber [Agente, Paciente]
↓ ↓ ↓
Elaboração Bebe [João, água]

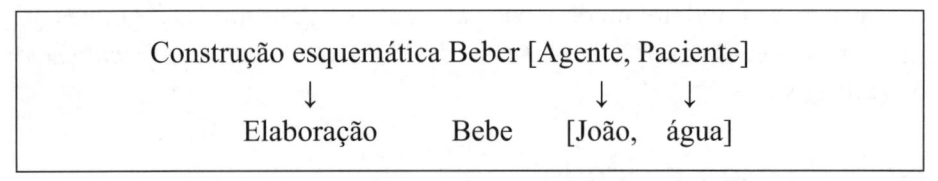

Figura 8 – Representação esquemática e elaboração.

O esquema demonstra que a construção esquemática pode ter todos os seus itens elaborados. Entretanto, pode haver elaboração de apenas um dos elementos, como em "Beberam água", em que se sabe que há um agente (ou vários), mas a sentença mantém a não especificidade em relação a esse elemento. Isso quer dizer que um dos componentes da expressão (água) contribui para a elaboração de uma subestrutura esquemática dentro de outra, conforme o próximo exemplo:

Construção esquemática Beber [Agente, Paciente]
↓ ↓ ↓ ↓
Subestrutura esquemática Beberam [Agente, água]

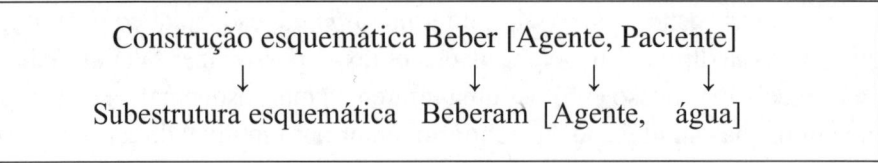

Figura 9 – Representação esquemática e elaboração parcial.

Em outros casos, pode haver apenas elaboração do agente, como em "Ana comprou muito". Sabemos que há algum tipo de mercadoria comprada por Ana, mas a sentença não especifica qual. É o que vemos a seguir:

| Construção esquemática Comprar [Agente, Paciente] |
| ↓ ↓ ↓ ↓ |
| Subestrutura esquemática Comprou [Ana, Paciente] |

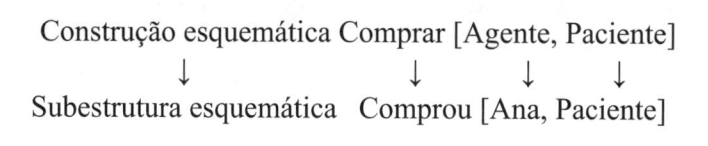

Figura 10 – Representação esquemática e elaboração parcial.

Esses casos tornam-se particularmente interessantes em português quando são instanciados por um conjunto de verbos que admitem objetos culturalmente desprestigiados. São as chamadas *construções de objeto interdito*, como "Pedro bebe" ou "José cheira".[5] Construções desse tipo desencadeiam a inferência de interdição do paciente. Este, portanto, não deve ser mencionado. No caso de "Pedro bebe", os falantes da língua sabem que o líquido ingerido por Pedro deve pertencer à categoria das bebidas alcoólicas. Do mesmo modo, ao se ouvir uma sentença como "José cheira", normalmente não se imagina que o objeto olfativo é uma flor. Os falantes da língua sabem que esse objeto está na categoria de produtos interditos passíveis de serem cheirados, como as drogas ilícitas.

Proeminência

Como vimos na seção anterior, a sentença "João viu um animal na estrada" codifica o objeto direto de forma menos específica do que "João viu um cachorro na estrada". Mas ao proferir a sentença "João viu um animal na estrada", o falante coloca "João" como mais proeminente do que "animal", pois João ocupa a posição de sujeito. Caso colocasse em proeminência o animal, o falante poderia ter dito "O animal que estava na estrada foi visto por João". Nesse caso, "animal" passaria a ocupar o núcleo do sujeito, e João ocuparia uma posição sintática menos proeminente.

Exemplos desse tipo demonstram que a **proeminência** não se confunde com o nível de especificidade e constitui outra dimensão da imagética convencional. Assim, expressões que envolvem o mesmo conteúdo conceptual podem apresentar significados diferentes em função do grau de proeminência com o qual os elementos são codificados em determinada situação.

A proeminência envolve dois aspectos importantes do ponto de vista gramatical: o **perfilamento** e a *saliência relativa das subestruturas de uma predicação*.

O perfilamento é um tipo de construção do significado que consiste no recorte conceptual de uma expressão em uma base conceptual mais ampla. A base conceptual não se confunde com o significado das palavras, mas representa um conjunto de conhecimentos indispensáveis para a interpretação das mesmas. Palavras como *tio*, *pai* e *irmão* compartilham a mesma base conceptual: "relações de parentesco", mas possuem significados diferentes, pois perfilam diferentes aspectos dessa base.

Consideremos, por exemplo, a palavra *hipotenusa*. Como apontou Langacker (1990), essa palavra deriva seu significado do conceito de triângulo retângulo, mas não designa triângulo retângulo. O que a palavra coloca em proeminência é o lado do triângulo oposto ao ângulo reto (linha c):

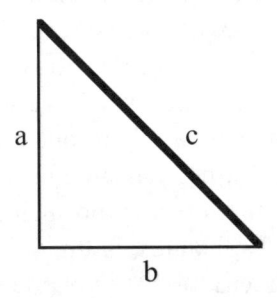

Figura 11 – Triângulo retângulo e significado de *hipotenusa*.

A palavra *cateto*, por sua vez, designa os lados que compõem o ângulo reto (Fig. 11 – linhas a e b).

Outro tipo de construção do significado é a saliência relativa das subestruturas de uma predicação, que pode envolver *participantes relacionais* ou *elementos explicitamente mencionados*.

No caso dos *participantes relacionais*, os verbos constituem importantes operadores da relação estabelecida. A base conceptual do verbo *admirar*, por exemplo, envolve um sujeito que dirige uma atividade mental a outro sujeito (ou objeto, atividade, país etc.). O verbo *admirar* perfila toda a configuração e, portanto, a relação entre os elementos envolvidos. Já o nome *admirador* perfila o sujeito que admira, a partir da mesma base conceptual.

Para ilustrar a importância gramatical da noção de proeminência, observemos a diferença semântica apresentada pelo verbo *ir* nos seguintes exemplos:

(23) Eu acho que você deve *ir* agora.
(24) Quando Pedro chegou, Maria já *tinha ido*.

O verbo *ir* é uma predicação relacional que perfila a relação entre duas entidades: a entidade que se afasta e a que serve como ponto de referência.

Com a passagem do tempo, a entidade em movimento, tecnicamente denominada TRAJETOR, distancia-se de uma posição vizinha ao ponto de referência, o MARCO, para uma posição final, que se situa fora daquela vizinhança.[6] Embora essa base conceptual referente ao verbo *ir* seja a mesma, os tempos verbais apresentados em cada um dos exemplos indicam que diferentes aspectos dessa base são perfilados, como indicam, respectivamente, os esquemas:

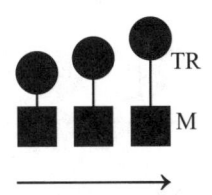

Figura 12 – Representação do verbo ir (infinitivo).

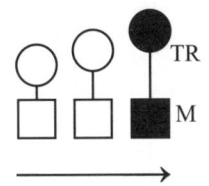

Figura 13 – Representação do verbo ir (particípio).

Na Figura 12, o uso do infinitivo aponta que todo o processo é colocado em proeminência; já na Figura 13, o particípio perfila apenas o estado final.

Do mesmo modo que os verbos, as preposições e locuções prepositivas também estabelecem bases relacionais. Observemos dois modos alternativos de estruturar linguisticamente a mesma cena:

(25) A almofada está embaixo do cachorro.
(26) O cachorro está em cima da almofada.

As expressões *embaixo* e *em cima* envolvem orientação espacial e dois elementos em diferentes posições no eixo vertical e na mesma posição no eixo horizontal. A base conceptual é a mesma. Não há diferença de conteúdo, nem de perfilamento (ambas as expressões perfilam uma relação entre dois elementos). Entretanto, *embaixo* e *em cima* têm significados diferentes. De onde vem essa diferença? Justamente da proeminência relativa dos participantes.

Embora tanto a almofada quanto o cachorro sejam perfilados nos exemplos citados, em (25), a almofada é o TRAJETOR, ou seja, é mais proeminente do que o cachorro, que funciona como MARCO. Vejamos:

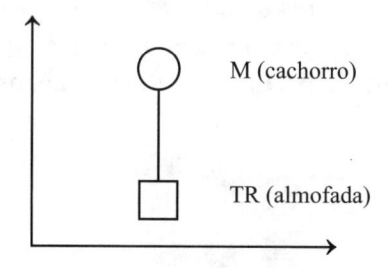

Figura 14 – Representação da sentença (25).

Já no exemplo (26), ocorre o inverso:

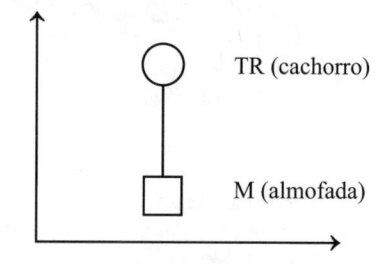

Figura 15 – Representação da sentença (26).

Se perguntarmos "Onde está o cachorro?", a resposta mais natural será "O cachorro está em cima da almofada" (Fig. 15). Uma sentença como "A almofada está embaixo do cachorro" daria a mesma informação, mas não responderia à pergunta adequadamente.

Como citado anteriormente, outro tipo de saliência relativa das subestruturas de uma predicação é a *proeminência relativa de elementos explicitamente mencionados*.

Tais casos podem ser ilustrados pelo contraste semântico entre pares de expressões como: *triângulo* vs. *polígono de três lados*; *alcatra* vs. *carne retirada da parte traseira do boi*; *colher* vs. *utensílio culinário utilizado pela civilização ocidental moderna na alimentação, para degustação de cremes e sopas*. As expressões de cada par apresentam conteúdos semânticos equivalentes. Mesmo assim, contrastam semanticamente, porque o segundo membro em cada caso menciona explicitamente certos componentes semânticos, tornando-os mais proeminentes do que normalmente seriam. Por exemplo, a expressão *polígono de três lados* destaca a inclusão da entidade designada em uma classe mais ampla de figuras geométricas, contrastando com a expressão *triângulo*, em que essa informação permanece latente.

Perspectiva

A perspectiva adotada para a conceptualização de uma cena é tecnicamente denominada **ponto de vantagem** (*vantage point*). Normalmente, o ponto de vantagem coincide com a localização do falante. As expressões *na frente* e *atrás*, por exemplo, costumam ser interpretadas tomando-se a localização do falante como ponto de vantagem implícito. Consideremos os exemplos (27) e (28), emitidos a partir do cenário ilustrado a seguir:

(27) A árvore está atrás da nuvem.
(28) A nuvem está na frente da árvore.

Figura 16 – Ponto de vantagem e codificação relacional (A).

Ambas as sentenças descrevem adequadamente a cena, porque adotam como ponto de vantagem a posição em que a nuvem se interpõe entre o observador e a árvore. ((árvore)-----(nuvem) ← PV)). A diferença é que, em (27), a árvore é colocada em proeminência, e, em (28), a nuvem é mais proeminente.

Entretanto, se a situação fosse tal que a árvore se interpusesse entre o observador e a nuvem ((nuvem) ----(árvore) ← PV)), as sentenças possíveis seriam:

(29) A árvore está na frente da nuvem.
(30) A nuvem está atrás da árvore.

Figura 17 – Ponto de vantagem e codificação relacional (B).

As sentenças adotam o mesmo ponto de vantagem. De modo análogo ao que ocorre em (27) e (28), a diferença entre (29) e (30) diz respeito a diferentes escolhas quanto à proeminência das entidades envolvidas.

O que se verifica, portanto, é que não é simplesmente o cenário descrito que determina as escolhas linguísticas, mas também o ponto de vantagem adotado pelo falante, ou, ainda, o ponto de vantagem para o qual o falante se projeta mentalmente.

É o que pode ocorrer na descrição de uma paisagem, em que se observa o curso de um rio:

(31) O rio desce a serra em direção àquele vale.
(32) O rio chega a este vale formando uma cachoeira.

Em (31), adota-se o ponto de vista de alguém que observa o rio a partir de um lugar alto e distante do vale; em (32), assume-se a perspectiva de alguém que, estando no vale, observa o rio.

Por fim, contrastemos as sentenças (33) e (34):

(33) João comprou um carro de Maria.
(34) Maria vendeu um carro para João.

Embora as duas sentenças se refiram ao mesmo evento, não podemos considerar que têm o mesmo significado. O exemplo (33) constrói a situação sob o ponto de vista de João, enquanto (34) adota o ponto de vista de Maria.

Para testar essa intuição, basta expandir as duas sentenças, usando a expressão *por um ótimo preço*:

(35) João comprou um carro de Maria por um ótimo preço.
(36) Maria vendeu um carro para João por um ótimo preço.

Em (35), inferimos que João desembolsou uma quantia abaixo do valor de mercado do carro; já a interpretação mais natural para a sentença (36) é a de que Maria recebeu uma quantia acima desse valor. Isso significa que (33) e (35) tomam a perspectiva do comprador, enquanto (34) e (36) adotam o ponto de vista do vendedor.

Algumas vezes, o falante projeta-se para o ponto de vantagem adotado por outro participante. É comum telefonarmos para alguém e a ligação ser atendida por uma secretária eletrônica. A gravação normalmente informa: "No momento, não posso atender. Deixe o seu recado e retornarei a ligação mais tarde." Obviamente, para fazer essa gravação, o falante projetou-se para um ponto de vantagem futuro, que serviu de âncora para as expressões utilizadas. A expressão *no momento*, por exemplo, não adota o ponto de vantagem referente ao momento em que o falante proferiu a sentença, mas indica o momento em que o interlocutor ouvirá a sentença.

Como vimos nesta seção, na Gramática Cognitiva proposta por Langacker, as noções de domínio, domínio matriz e imagética convencional fundamentam a abordagem cognitivista do significado. Essas noções apresentam pontos em comum com a noção fillmoreana de *frame*, pois derivam da suposição de que o significado é enciclopédico e não pode ser entendido de forma independente das estruturas mais amplas de conhecimento. Entretanto, a abordagem de Langacker torna mais explícitos alguns aspectos mantidos como pressupostos no estudo de Fillmore. Vejamos as distinções fundamentais entre as duas propostas:

(a) embora Fillmore reconheça que os conceitos podem ser estruturados em termos de *frames* múltiplos, Langacker argumenta que esse é de fato o arranjo típico, estabelecendo o conceito de domínio matriz e definindo-o como o conjunto de domínios estruturantes do mesmo item lexical. A palavra *pássaro*, por exemplo, ativa um domínio matriz composto de diferentes domínios, tais como OBJETO FÍSICO (ex. possui uma forma), VIDA (ex. desempenha atividades como voar e comer), TEMPO (ex. apresenta um ciclo vital) etc.

(b) Langacker explicita a distinção entre DOMÍNIOS CONCRETOS e DOMÍNIOS ABSTRATOS, que se mantém implícita na teoria dos *frames*. Na concepção langackeriana, os domínios básicos, como TEMPO e ESPAÇO, derivam da natureza de nossa experiência sensório-perceptual ancorada no corpo (*embodiment*). Os domínios abstratos, como CASAMENTO, AMOR ou PESQUISA ARQUEOLÓGICA, embora também derivados da experiência corpórea, são de natureza mais complexa. O AMOR pode envolver domínios básicos, como experiências corporais diretas de toque e proximidade física, mas também envolve domínios abstratos como a experiência de atividades sociais complexas (cerimônias de casamento, comemoração do Dia dos Namorados etc.).

(c) no modelo de Langacker, os domínios são organizados hierarquicamente, de modo que um conceito lexical particular pode pressupor simultaneamente um domínio mais baixo na hierarquia e representar um subdomínio para um conceito lexical mais alto.

É importante ter em mente que o contraste apontado decorre, em grande parte, de diferenças sutis entre os objetivos teóricos dos dois autores. Langacker desenvolve sua teoria de domínios e imagética convencional para estabelecer uma ontologia conceptual que represente a estrutura e organização do conhecimento e o modo pelo qual os conceitos se relacionam uns com os outros. A semântica fillmoreana desenvolve a noção de *frame*, em grande medida, como um meio para o entendimento do comportamento gramatical, como é o caso da valência dos verbos (ver seção "*Frames*").

Classes de palavras

Nos termos de Langacker (1987, 1991), categorias como *nome*, *verbo*, *adjetivo* e *advérbio* são semanticamente definíveis. Esses itens lexicais são considerados unidades simbólicas, com um polo semântico e outro fonológico, sendo que o polo semântico determina a categorização.

Todos os membros de uma classe compartilham propriedades semânticas fundamentais, e seus polos semânticos instanciam um esquema abstrato único. O nome, por exemplo, designa uma região em um determinado domínio. O verbo designa um processo, ou seja, uma *relação temporal*; enquanto adjetivos e advérbios designam diferentes tipos de relação atemporal.

Considerando-se domínios concretos, nomes podem designar regiões delimitadas no espaço (*círculo, ponto, triângulo*); no tempo (*momento, instante, período*); no espectro cromático (*azul, vermelho, verde*). A matriz para outros conceitos nominais pode ser formada pela coordenação desses domínios básicos (no caso de *alarme*, há uma delimitação na altura do som e no tempo) ou por projeção metafórica. Por exemplo, a metáfora ESTADOS SÃO LOCAIS justifica a existência de nomes abstratos como *depressão* e *crise*. Em sentenças do tipo "Ele entrou em depressão" ou "O país saiu da crise", estados de *depressão* e *crise* são retratados como locais nos quais se pode entrar ou dos quais se pode sair.

Os adjetivos são categorias gramaticais que perfilam uma relação atemporal entre um atributo e uma entidade. Sendo assim, *lápis vermelho* perfila a relação entre o MARCO *vermelho*, caracterizado como região no espectro cromático e o TRAJETOR *lápis*. É interessante notar que o objeto *lápis* não ocupa por si mesmo todo o espectro cromático, mas a língua portuguesa (assim como várias outras línguas) autoriza referência às sensações associadas com a parte externa do lápis ou com as marcas que ele produz no papel quando usado para escrever. Essa possibilidade permite, inclusive, que sentenças como (37) não sejam contraditórias:

(37) Este lápis vermelho não é vermelho.

A sentença anterior pode ser naturalmente interpretada quando o primeiro uso de *lápis* perfilar a superfície externa do lápis, e o segundo uso perfilar as marcas deixadas no papel (ou vice-versa).

Em relação aos advérbios, ocorre processo semelhante. Tais classes de palavras também estabelecem uma relação atemporal, mas costumam relacionar um processo e uma entidade. Consideremos o advérbio *rapidamente* na sentença "Ele trabalha rapidamente". O TRAJETOR será o processo (*trabalha*); e o MARCO, região em uma escala de comparação para velocidade.

Por fim, os verbos são palavras que perfilam uma relação temporal entre duas entidades. Observemos o seguinte exemplo:

(38) Maria comeu uma fatia do bolo.

O que o verbo *comer* estabelece no exemplo é uma relação temporal entre *Maria* e *fatia de bolo*. No caso, essa relação está marcada como anterior ao evento de fala, em função da escolha do pretérito perfeito.

Em termos gerais, Langacker representa a semântica das classes de palavras da seguinte forma:

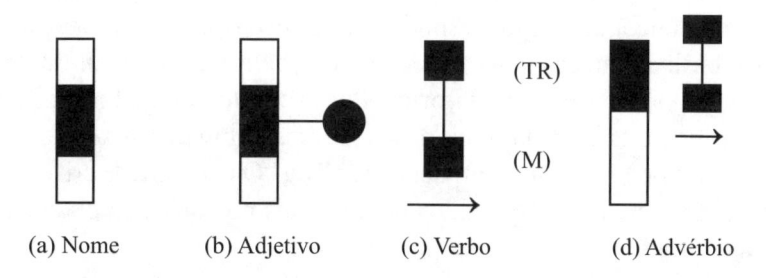

(a) Nome   (b) Adjetivo   (c) Verbo   (d) Advérbio

Figura 18 – Representação semântica das classes de palavras.

Para exemplificar as representações, é possível considerar que 18(a) ilustra o valor semântico de AZUL em um de seus usos nominais (ex. "Azul é uma cor bonita"), designando uma região do domínio cromático. Em contraste com essa predicação nominal, há o uso adjetival de azul, representado em 18(b). Note-se que a mesma região perfilada em (a) é também perfilada em (b), mas (b) é relacional e localiza uma segunda entidade (representada pelo círculo). Na sentença "A bola é azul", o significado de AZUL estabelece uma relação atemporal entre a entidade *bola* e a região azul no espectro cromático. Já na sentença "Ele chutou a bola", CHUTAR indica uma relação temporal entre o TRAJETOR (*ele*) e o MARCO (*bola*). O processo temporal é representado na Figura 18(c) pela seta horizontal. A Figura 18(d), por fim, representa uma relação atemporal, mas, diferentemente do que acontece com os adjetivos, a relação atemporal se estabelece entre uma entidade e uma relação temporal. Em "Ele comia o sanduíche rapidamente", o advérbio RAPIDAMENTE indica que o processo temporal "ele comia o sanduíche" estabelece uma relação atemporal com a região superior da escala de velocidade.

A radialidade das classes de palavras

A descrição do pareamento forma-significado nas classes de palavras apresentadas enfocou os núcleos prototípicos de cada classe. Entretanto, considerando-se que o processo de categorização estabelece, normalmente, categorias radiais (ver capítulo "Categorização e protótipos: a noção de categoria radial"), deve-se levar em conta também as características radiais das classes de palavras.

Vimos que os adjetivos codificam uma relação atemporal entre um atributo e uma entidade. Ocorre que essa codificação não se dá sempre da mesma forma: o caráter do atributo tende a variar de acordo com a natureza da entidade com a qual está associado. Por exemplo, o tipo de vermelho associado a sangue é diferente daquele que pode ser relacionado a cabelo ou maçã.

Consideremos o item lexical BOM. É fácil perceber que a maneira como interpretamos a palavra nas expressões *bom pai*, *bom filho*, *bom livro*, *bom carro*, é uma função da base conceptual (*frame*) com a qual *bom* combina, e não com *bom* em si mesmo. As noções de bom comportamento e obediência estão muito mais associadas à expressão *bom filho* do que às outras expressões.

Tal como ocorre com os adjetivos, o sentido do advérbio também apresenta características radiais, ao estabelecer uma relação atemporal entre um processo e uma entidade. O sentido do advérbio BEM dependerá da relação temporal que funciona como TRAJETOR, pois *trabalhar bem* não designa o mesmo que *comer bem*. No caso de *trabalhar bem*, podemos destacar os atributos quantidade (de trabalho), rapidez, adequação (dos métodos), organização; já *comer bem* pode compartilhar os atributos quantidade (de comida) e adequação (da alimentação), mas não os atributos rapidez e organização.

Subjetividade e intersubjetividade

Em linhas gerais, a subjetividade envolve tipicamente um sujeito da consciência, que desenvolve uma visão pessoal e subjetiva dos fatos, representando-a no discurso. Em contraste, o ponto de vista "objetivo" tem sido descrito como aquele no qual o falante pretende (ou finge) descrever as situações do modo como se apresentam na realidade (Langacker, 1990; Sanders e Redeker, 1996; Traugott e Dasher, 2002).

Obviamente, essa polarização extrema representa um ideal que raramente se observa na prática. Os estudiosos reconhecem unanimemente que as línguas são indissociáveis dos falantes, e, portanto, a pressuposição de neutralidade é sempre uma idealização. A sugestão, portanto, é que as expressões linguísticas podem ser distribuídas segundo um *continuum* que as aproxime de um polo objetivo ou, ao contrário, de um polo subjetivo.

A perspectiva de Traugott e Dasher

Traugott e Dasher (2002) argumentam que subjetividade/objetividade devem ser concebidas em termos gradientes. Assim, as expressões mais objetivas seriam aquelas que requerem que o falante e/ou ouvinte construam o significado com base em um número mínimo de inferências. As expressões mais subjetivas apresentariam dêixis espacial e temporal explícitas e marcadores explícitos da atitude do falante/redator em relação à proposição ou à estrutura discursiva.

A intersubjetividade, segundo os autores, envolveria crucialmente a atenção dispensada pelo falante ao ouvinte enquanto participante do evento de fala (e não do mundo retratado). Por exemplo, nas línguas que contrastam pronomes de segunda pessoa formais e informais, como o português (*tu*/*você* x *o senhor*) e o francês (*tu* x *vous*), a imagem social do ouvinte é levada em conta em termos intersubjetivos.

Em resumo, os autores propõem que as expressões mais subjetivas são:

(i) aquelas que apresentam explicitamente dêixis espacial e temporal
(ii) aquelas que apresentam marcadores explícitos da atitude epistêmica do falante em relação à proposição
(iii) aquelas que apresentam marcadores explícitos da atitude do falante em relação à estrutura discursiva

Por outro lado, as expressões mais intersubjetivas apresentam as seguintes características:

(i) dêixis social explícita
(ii) marcadores explícitos da atenção do falante ao ouvinte, como marcadores de polidez, títulos honoríficos, hedges

Vale destacar que a subjetividade é sempre um pré-requisito para a intersubjetividade, pois a atitude do falante em relação ao ouvinte é uma função da perspectiva do falante.

A perspectiva de Langacker

Langacker (1987, 1991) trata das noções de subjetividade ou objetividade associando-as à ideia de proeminência. O contraste entre uma construção subjetiva ou objetiva refletiria a assimetria referente à proeminência do conceptualizador em relação à entidade conceptualizada, e vice-versa.

No artigo *Subjectification*, Langacker (1990) argumenta que, em usos reais, o *Ground* (falante, ouvinte e contexto interacional) sempre faz parte do significado de qualquer expressão. Entretanto, o grau de envolvimento do falante/ouvinte pode variar de três formas diferentes, a saber:

a. o *Ground* pode ser visto como externo ao escopo da predicação, como em nomes e verbos tomados isoladamente (Figura a).
b. o *Ground* pode representar ponto de referência não perfilado (Figura b), como em expressões dêiticas do tipo *na próxima semana* ou *ontem*.
c. uma faceta do *Ground* pode ser destacada e perfilada, como em *aqui*, *eu*, *agora* (Figura c).

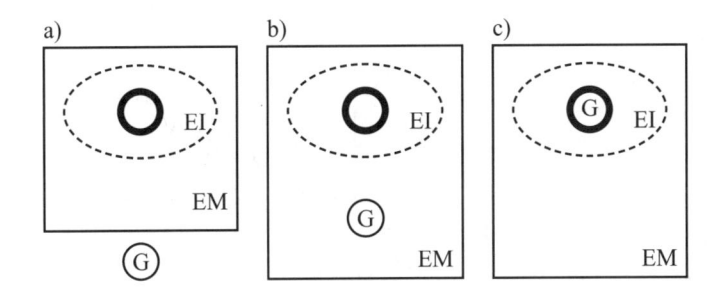

Figura 19 – Graus de Subjetividade na Construção de uma Situação Particular.
G = Ground; EI = Escopo Imediato; EM = Escopo Máximo

Para Langacker, as figuras (a) e (b) são exemplos de subjetividade, na medida em que o *Ground* funciona como ponto de referência implícito; já a figura (c) representaria estruturas mais objetivas a colocar o *Ground* em proeminência. Essa visão difere bastante da proposta de Traugott e Dasher (2002), que consideraria a expressão representada em (a) mais objetiva, já que a forma linguística não codifica aspectos do *Ground*, e as expressões dêiticas representadas em (c) mais subjetivas, pelo motivo oposto.

É interessante notar, entretanto, a proximidade das análises justamente no que se refere à figura (b), que envolve marcas linguísticas de referência implícita ao *Ground* (ex. artigos, demonstrativos e morfemas temporais).

Esses elementos localizam determinada entidade em relação ao *Ground* (ex. "conhecido do falante", "distante do falante" ou "anterior ao momento de fala") e assumem papel fundamental como pontos de referência.

Tomando as construções de futuro, que se incluem na categoria (b), Langacker (1990) argumenta que tais construções podem apresentar diferentes estruturas cognitivas. Observemos os esquemas a seguir, nos quais o TRAJETOR é o sujeito da sentença, e o MARCO é a atividade que esse sujeito irá realizar:

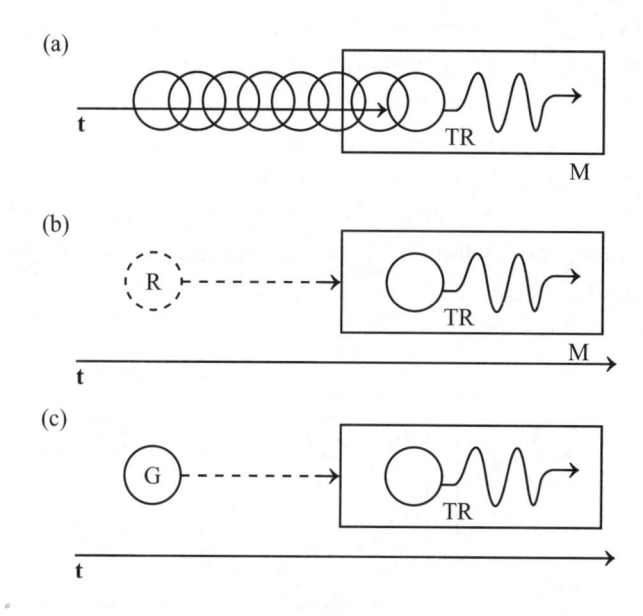

Figura 20 – Graus de Subjetificação das Construções Futuro.

A Figura (a) descreve o movimento objetivamente construído pelo sujeito no espaço, ao final do qual inicia uma atividade. É o que designa a sentença "Maria vai abrir a porta", em sua leitura espacial. Já a Figura (b) representa um estágio particular no processo pelo qual o significado do verbo *ir* se gramaticaliza para assumir o sentido de futuro, designando a continuação do tempo da configuração na qual o evento-marco (expresso pelo complemento infinitivo) é acessado pelo escaneamento mental do falante (ex. "O terremoto vai destruir a cidade"). Por fim, a marca morfológica de futuro teria o valor representado na Figura (c). Trata-se de uma predicação ancorada no *Ground*, que perfila o evento e não a posterioridade temporal em relação ao ponto de referência (ex. "O terremoto destruirá a cidade").

Nesse sentido, a abordagem de Langacker aproxima-se de outra importante proposta em Gramática Cognitiva, que sugere a delimitação das categorias semânticas que tendem a ser gramaticalmente especificadas nas línguas em geral. A noção de *Representação Cognitiva*, proposta por Leonard Talmy (1988, 2006), refere-se a um tipo particular de complexo experiencial evocado por uma sentença a partir dos seus subsistemas gramaticais e lexicais, que constituem um *sistema imagético*.

Sistema imagético

Toda sentença tem dois subsistemas (o gramatical e o lexical), com funções semânticas distintas e complementares, que especificam diferentes porções da **Representação Cognitiva (RC)**: os elementos gramaticais determinam a maior parte da estrutura, e os elementos lexicais determinam seu conteúdo. Na verdade, as especificações gramaticais da sentença fornecem uma espécie de esqueleto imagético para o material conceptual lexicalmente especificado.

É importante ressaltar que há noções semânticas que costumam ser gramaticalmente especificadas nas línguas do mundo, enquanto outras nunca se apresentam gramaticalmente, mas apenas através do léxico. É comum, por exemplo, a especificação de quantidade em relação ao objeto referido por um nome, em termos de "singular" e "plural" (– Ø ou –s em português). Encontram-se, ainda, especificações de número do tipo *dual* (dois objetos), *trial* (três objetos) e *paucal* (alguns objetos)[7]. Por outro lado, não se tem notícia de nenhuma língua que apresente flexões marcando a cor, o tipo de material ou a forma do objeto ao qual o nome se refere. Essas noções semânticas precisam ser especificadas por elementos lexicais: *vermelho* (cor), *alumínio* (material) e *oval* (forma).

O reconhecimento da existência de noções semânticas que tendem a ser sistematicamente especificadas nas línguas do mundo motiva outra indagação importante: o que essas noções têm em comum? Para dar conta dessa questão, Talmy (1988, 2006) propôs um sistema integrado envolvendo quatro categorias de noções semânticas gramaticalmente especificadas: **dimensão**, **plexidade**, **delimitação** e **divisão**.

Como ficará claro na exposição a seguir, tais categorias diferem, em muitos aspectos, das noções gramaticais tradicionalmente descritas (ex. número, aspecto etc.), à medida que visam aprender o que há em comum entre as dimensões de espaço e tempo, generalizando análises normalmente estabelecidas de modo separado.

Dimensão

A categoria *dimensão* diz respeito a duas noções principais: espaço e tempo. As entidades referenciadas na linguagem podem ser contínuas ou discretas no espaço e/ou no tempo, como ilustra a tabela:

Dimensão	Contínuo	Discreto
Espaço	Matéria (ex. água)	Objeto (ex. pássaro)
Tempo	Ação (ex. dormir)	Evento (ex. suspirar)

Tabela 3 – Representação da categoria *dimensão*.

É interessante notar que, no âmbito da categoria dimensão, a gramática possibilita operações de **conversão** entre tempo e espaço. Observemos, inicialmente, exemplos em que eventos e ações (domínio temporal) podem ser representados, respectivamente, como objeto e matéria (domínio espacial):

(39) **Evento/Ação**   **Representado como Objeto/Matéria**
(i)   João me *chamou*.   Eu atendi *ao chamado* de João.
(ii) João me *ajudou*.   João me prestou *ajuda*.

O inverso também pode ocorrer. São casos em que nomes referentes a objeto ou matéria podem estar associados a derivações verbalizadoras:

(40) **Objeto/Matéria**   **Evento/Ação**
(i)   O jardim foi recoberto pela *neve*.   *Nevou* no jardim.
(ii) Eu tirei a *casca* da laranja.   Eu *descasquei* a laranja.
(iii) Atiraram *pedras* na janela.   *Apedrejaram* a janela.

Através da operação ilustrada em (40), em que se verifica a conversão de objeto/matéria em evento/ação, o referente físico é mesclado com a atividade da qual participa. O efeito semântico decorrente é o de subfocalização do caráter concreto do referente em prol de sua conceptualização em termos do processo em que ocorre.

Plexidade

A categoria denominada *plexidade* refere-se genericamente à quantidade de elementos equivalentes, relativos à matéria/objeto ou ação/evento.

Quando a categoria envolvida é matéria, a plexidade é equivalente à categoria linguística tradicional de número, com suas noções componentes de "singular" e "plural". Entretanto, quando a categoria envolvida é ação, não há correspondência nas noções tradicionais.[8]

As especificações de plexidade podem ser feitas tanto através de itens lexicais quanto de elementos gramaticais e, eventualmente, de associações entre ambos.

Há casos em que itens lexicais especificam basicamente um referente uniplexo, sinalizando apenas uma única quantidade. Para matéria e ação, respectivamente, consideremos os exemplos *flor* e *suspirar*, que podem ocorrer com elementos gramaticais que também especificam uniplexidade, como em (41a), ou com elementos gramaticais que especificam multiplexidade, como em (41b):

(41)   matéria   ação
a. uniplexo   A flor se abriu.   Ele suspirou (uma vez).
b. multiplexo As flores se abriram. Ele ficou suspirando.

O fenômeno ilustrado em (41b) é uma operação cognitiva particular denominada *multiplexização*. Essa operação permite a cópia de referente originalmente individual para vários outros pontos do espaço e/ou tempo.

O inverso do padrão anterior também pode ser encontrado nas línguas. Tomemos itens inerentemente multiplexos, como *plateia* (matéria) e *respirar* (ação), como ilustra (42a). Aqui também há formas gramaticais associadas, como (42b), que sinalizam a operação inversa da multiplexização, chamada de *extração de unidade*:

(42)   matéria   ação
a. multiplexo A *plateia* aplaudiu.   O paciente *respirava bem*.
b. uniplexo   *Um membro d*a plateia aplaudiu. O paciente *deu uma respirada*.

Conforme exemplificado por (42b), o processo de extração de unidade pode requerer a inserção de complexos gramaticais, como "um N de" (ex. *um membro d*a plateia) ou "dar uma V+ada" (ex. dar uma respir*ada*).

É interessante notar que línguas diferentes em geral apresentam processos igualmente distintos de extração de unidade. Enquanto em português (e várias outras línguas) o processo de extração de unidade para nomes pode requerer um complexo gramatical mais elaborado, em línguas como o iídiche[9] o processo é relativamente simples. Veja:

(43)   zamd " areia" zemdl "grão de areia"
       Groz "grama" grezl "folha de grama"
       Shney "neve" shneyele "floco de neve"

Em iídiche, os sufixos –l ou –ele exercem a função de extrair unidade de um nome multiplexo.

Estado de delimitação

As entidades podem ser especificadas como não delimitadas, se concebidas como indefinidamente contínuas, sem nenhum traço intrínseco de finitude; ou delimitadas, se concebidas como unitárias e individuadas. No caso dos nomes, esses conceitos correspondem à distinção tradicional entre entidades contáveis e não contáveis. No que diz respeito aos verbos, a distinção corresponde às categorias perfectivo e imperfectivo.

Em português, *água* e *dormir* são exemplos de itens lexicais a especificar quantidades não delimitadas, enquanto *lago* e *acordar* indicam dimensões basicamente delimitadas.

Assim como ocorre com a plexidade, há recursos gramaticais que permitem transformar quantidades não delimitadas em quantidades delimitadas. A operação cognitiva de *delimitação* ou *extração de porção* viabiliza demarcar e alçar ao foco de atenção uma quantidade não delimitada:

(44)   O sol forte secou *a poça d'água* em 10 minutos.
(45)   Antes de retomar o trabalho, ela *dormiu por cinco minutos.*

De forma análoga, um nome referente a uma entidade delimitada pode sofrer a operação cognitiva de *extração de continuidade*, de modo que essa entidade inicialmente delimitada passe a ser conceptualizada como tendo extensão indefinida. Exemplifica-se com base na adição dos sufixos *–izar* e –ção a nomes:

(46) O que se observa é uma *carnavalização* da política.
(47) Há, atualmente, uma *americanização* dos hábitos brasileiros.

Embora *Carnaval* e *América* delimitem, respectivamente, uma festa popular associada a um período de tempo determinado e um país situado no continente norte-americano, a adição dos sufixos permite que características associadas a ambos os nomes adquiram extensão contínua.

Estado de divisão

A categoria *estado de divisão* refere-se à segmentação interna de uma quantidade, conceptualizada como *discreta* ou *contínua*. Essa categoria não se confunde com a categoria precedente, tendo em vista que uma quantidade não delimitada pode ser contínua internamente (exs. água; dormir) ou discreta (exs. carvão; respirar).

É interessante notar que parece não haver elementos gramaticais que especifiquem unicamente divisibilidade ou continuidade. Mas no caso de água, podemos reconceptualizar o referente com a locução *partículas de*, como em "Partículas de água recobriam a jarra". Na direção inversa, o referente basicamente discreto de uma raiz lexical pode sofrer algum tipo de "embaçamento", com a adição de sufixos específicos. É o caso de *folhagem* e *mobiliário*, em contraste com *folhas* e *mobília*.

A disposição de quantidade

As quatro categorias discutidas nas seções anteriores – dimensão, plexidade, delimitação e divisibilidade – constituem um sistema de atributos denominado *disposição de quantidade*. A intersecção dessas categorias pode ser esquematizada da seguinte forma:

	Discreta	Contínua	
Multiplexa	A'. carvão; respirar	B'. água; dormir	Não delimitada
Multiplexa	A. plateia; tossir	B. lago; esvaziar	Delimitada
Uniplexa	a. chave; suspirar		Delimitada

Tabela 4 – Disposição de quantidade.

Em relação às categorias, é interessante notar a disponibilidade de meios gramaticais, nas línguas, para a conversão de elementos pertencentes a um subconjunto para outro que o falante julgue mais apropriado. A Tabela 5 ilustra algumas conversões possíveis:

A' → A	B' → B
um saco de carvão	um copo d'água
respirar *por uma hora*	dormir *por alguns instantes*
A' → a	**B → B'**
um pedaço de carvão	
dar uma respir*ada*	esvaziar e esvaziar
A → a	
um membro da plateia	
dar uma toss*ida*	
a → A'	
chave*s*	
ficar suspir*ando*	
a → A	
molho de chaves	
suspirar *várias vezes*	

Tabela 5 – Conversão categorial.

Na tabela, os elementos gramaticais sublinhados possibilitam aos itens linguísticos envolvidos a conversão de uma categoria para outra.

Desdobramento de perspectiva

O sistema imagético denominado *desdobramento de perspectiva* envolve a visão mental de cenas estruturalmente esquematizadas, incluindo local, distância e padrões de movimento da perspectiva conceptual adotada.

Modo de perspectiva

As línguas apresentam meios de especificar como se observa um evento, através da adoção de:

(a) perspectiva fixa e de longo alcance, com escopo global de atenção
(b) perspectiva móvel *close-up*, com escopo de atenção local

Essas perspectivas surgem nos seguintes exemplos, respectivamente:

(48) Há casas *em vários locais* no vale.
(49) Há uma casa *aqui e ali por* todo o vale.

Em (48), as formas no plural, a expressão adverbial de dispersão espacial *em vários locais* e o locativo *no vale* indicam perspectiva fixa. Por outro lado, o exemplo (49) apresenta formas no singular, as expressões dêiticas de dispersão espacial *aqui e ali* e a preposição de movimento *por*, sugerindo perspectiva móvel.

Grau de extensão

Itens lexicais relativos a matéria ou ação podem incorporar especificações sobre o grau de extensão de seus referentes, envolvendo três noções: ponto (ex. *pingo*), extensão delimitada (ex. *baía*) e extensão não delimitada (ex. *mar*).

Cada uma dessas noções, por sua vez, pode ser reconceptualizada. Assim, embora o evento *"atravessar a baía a nado"* apresente extensão delimitada na dimensão temporal (ex. *Ele atravessou a baía a nado em duas horas*), essa extensão pode ser modificada pela operação cognitiva de *redução* ou *adoção de uma perspectiva distanciada* (ex. *Durante o treinamento, ele atravessou a baía a nado às dez da manhã*).

A reconceptualização pode ser feita em outra direção, através da *adoção de uma perspectiva close-up* (ex. *Enquanto olhávamos, ele continuava atravessando a baía a nado*). Nesse caso, a perspectiva se mantém de tal forma que a existência de limites exteriores ao evento recai para além do campo de visão e da janela de atenção do conceptualizador.

Observemos, ainda, estes:

(50) Todos *os carros* foram fabricados em três meses.
(51) Quando *os carros* foram fabricados, os empregados entraram de férias.
(52) *Os carros* foram sendo fabricados em série.

O exemplo (50) é um caso de extensão delimitada. O exemplo (51) apresenta o referente como um ponto idealizado (obviamente, os carros não foram fabricados no mesmo momento, mas o período de fabricação é cognitivamente comprimido num instante só). Por fim, (52) retrata o referente como uma extensão não delimitada.

Dinâmica de forças

A **dinâmica de forças** diz respeito ao tratamento linguístico de diferentes tipos de forças e barreiras existentes no mundo sociofísico. Trata-se de um sistema resultante de **cinestesia** (experiência corporal de esforço ou movimento muscular, ou sensações como pressão e dor) manifestando-se na estrutura semântica.

O modelo de dinâmica de forças proposto por Talmy (1988) é uma generalização do conceito de **causação**, refletindo a conceptualização de processos como resultado de diferentes tipos de forças a agir de formas distintas sobre os participantes de um determinado evento. Consideremos os seguintes exemplos, nos quais diferentes escolhas verbais expressam diferentes concepções da dinâmica de forças do evento:

(53) O livro está na estante.
(54) O livro manteve-se na estante.

Enquanto a sentença (53) apresenta uma concepção neutra da dinâmica de forças do evento (trata-se de uma situação estática), a sentença (54) indica que há uma resistência aos efeitos de um processo (não especificado) de aplicação de algum tipo de força sobre o livro. Por exemplo, a sentença poderia ser usada para falar que o livro não caiu da estante, mesmo após um terremoto. Ou ainda:

(55) A bola rolava pelo gramado.
(56) A bola continuava rolando pelo gramado.

O que se observa em (55) é uma sentença neutra com relação à força (embora nosso conhecimento enciclopédico indique algum tipo de força exercida para provocar o deslocamento da bola pelo gramado, esse fato não é codificado na sentença). Já em (56), a perífrase *continuar V-ndo* retrata uma cena em que a tendência natural da bola de atingir o repouso foi superada pela aplicação de uma força externa, provavelmente o vento.

Contrastemos, ainda, os seguintes exemplos:

(57) Ronaldo chutou a bola.
(58) O goleiro segurou a bola.
(59) O goleiro largou a bola.

O exemplo (57) retrata um evento tipicamente causativo: o antagonista (o causador *Ronaldo*) exerce uma força sobre o agonista (o causado *bola*), que passa do repouso ao movimento. Já em (58), a noção de causação se amplia para abarcar uma situação em que o antagonista (o goleiro) impõe uma resistência para que o agonista não se mova. O exemplo (59) estende a noção de causação, incluindo a ideia de permissão: o antagonista age de uma maneira que permite que o agonista exerça sua tendência ao movimento.

No nível gramatical, os estudos mostram que a codificação de relações gramaticais como sujeito, objeto direto e oblíquo é altamente determinada pela dinâmica de forças com que se quer retratar os eventos. Por exemplo, a gramática pode indicar se o agonista é mais ou menos afetado pelo antagonista. Observemos o contraste sutil entre as sentenças a seguir:

(60) Romário tocou a bola.
(61) Romário tocou na bola.

Enquanto o agonista é objeto direto em (60), indicando que Romário atingiu a bola com um ou vários chutes, a mudança para a função de oblíquo em (61) sugere que o objeto foi pouco afetado.

A dinâmica de forças tem se mostrado relevante não apenas para a descrição de eventos físicos, mas também psicológicos e sociais, como indica a polissemia de modais do tipo *poder* e *dever* (Sweetser, 1990). Os modais *deônticos* são aqueles relacionados à remoção de barreira ou imposição de força no mundo sociofísico:[10]

(62) Ele pode sair; o fiscal da prova autorizou. (autorização)
(63) Ele deve sair; o estabelecimento fecha às 22h. (ordem)

O sentido *epistêmico* dos modais, por sua vez, trata da remoção de barreira ou imposição de força metaforicamente, no nível do raciocínio:

(64) Ele pode sair; o dia está lindo para dar uma caminhada. (possibilidade)
(65) Ele deve sair; está quase na hora da sua aula. (probabilidade)

O modal *poder*, em (64), indica ausência de obstáculo, em nível de raciocínio, para o falante concluir sobre a possibilidade de saída de alguém; *dever*, em (65), indica a presença de um falante forçado a concluir sobre a probabilidade de ocorrência efetiva dessa saída.

É importante destacar que há evidências interlinguísticas de que os modais costumam apresentar ambiguidade entre os sentidos deôntico e epistêmico, não apenas em inglês, como demonstra Sweetser (1990), mas em línguas não relacionadas, como as indo-europeias, semíticas, filipinas, dravídicas, maias e fino-úgricas, entre outras (Palmer, 1986). Dentre as línguas românicas, a polissemia já foi atestada em francês, italiano, português e espanhol (Tregido, 1982).

Esquema imagético

Os esquemas imagéticos são normalmente definidos como versões esquemáticas de imagens, concebidas como representações de experiências corporais, tanto sensoriais quanto perceptuais, em nossa interação com o mundo (Lakoff, 1987; Johnson, 1987; Lakoff e Turner, 1989). Dado que os humanos andam eretos, têm a cabeça acima do tronco e os pés como base, precisam reclinar e olhar para baixo quando os objetos caem e olhar para cima quando os objetos sobem. Essa experiência perceptual ancorada no corpo, associada à gravidade, enseja o esquema imagético CIMA-BAIXO.

Os esquemas imagéticos, de um modo geral, representam padrões esquemáticos que refletem domínios, tais como CONTÊINER, TRAJETÓRIA, FORÇA e EQUILÍBRIO, responsáveis pela estruturação da experiência ancorada no corpo.

Croft e Cruse (2004: 45) resumem o inventário de esquemas imagéticos da seguinte forma:

Espaço	cima-baixo, frente-trás, esquerda-direita, perto-longe, centro-periferia, contato
Escala	trajetória
Contêiner	contenção, dentro-fora, superfície, cheio-vazio, conteúdo
Força	equilíbrio, força contrária, compulsão, restrição, habilidade, bloqueio, atração
Unidade	fusão, coleção, divisão, iteração
Multiplicidade	parte-todo, ligação, contável-não contável
Identidade	combinação, superimposição
Existência	remoção, espaço delimitado, ciclo, objeto, processo

Tabela 6 – Inventário de esquemas imagéticos.

Vale destacar que os esquemas imagéticos não são conceitos detalhados, mas sim conceitos abstratos, consistindo de padrões que emergem de instâncias repetidas da experiência de base corpórea. Por exemplo, o esquema imagético CONTÊINER resulta de nossas experiências com objetos desse tipo, originando expressões que indicam movimento para dentro ou para fora, como ilustram os exemplos a seguir:

(66) O barco navegou para dentro do túnel.
(67) Ele jogou o lixo fora.

O esquema imagético DENTRO-FORA também pode ser usado metaforicamente:

(68) Maria se enfiou numa roupa confortável e se jogou para dentro das cobertas.
(69) José colocou toda a raiva para fora.

Em (68), tanto *roupa* quanto *cobertas* são retratadas como contêineres para dentro dos quais o agente *Maria* se move. (69) trata o corpo de José como um contêiner, de onde sai a *raiva*, concebida metaforicamente como um fluido.

O que se observa, portanto, é que a noção de esquema imagético ancora diversos usos linguísticos que refletem a experiência corpórea dos seres humanos no espaço físico; além disso, sustenta projeções entre domínios conceptuais características de usos metafóricos e metonímicos. Tais projeções serão abordadas no próximo capítulo.

Exercícios

I. Considere a sentença *Ana foi para Londres em 1998*. Que codificação alternativa poderíamos propor para essa sentença? Em que circunstâncias essa codificação se justificaria?

II. No português padrão, as mulheres devem agradecer dizendo *obrigada*, enquanto os homens devem dizer *obrigado*. Entretanto, há atualmente máquinas que emitem vozes femininas e dizem "*Obrigado pela preferência!*", quando o cliente entra ou sai com o carro do estacionamento de estabelecimentos comerciais. Como a noção de perspectiva ajudaria a explicar esse fenômeno?

III. Na seção "Proeminência", vimos que as preposições *embaixo* e *em cima* estabelecem a posição relativa de duas entidades no espaço vertical, divergindo quanto à posição ocupada pelo TRAJETOR (TR) e pelo MARCO (M). Assim, *em cima* estabelece que a entidade verticalmente superior é o TRAJETOR, enquanto *embaixo* estabelece como TRAJETOR a entidade verticalmente inferior. Entretanto, para especificar a estrutura semântica das duas preposições, é necessário adicionar outro tipo de informação aos seus esquemas imagéticos, pois a língua portuguesa apresenta também as preposições *abaixo* e *acima* com instruções semelhantes quanto à posição TR/M. Analise os dados a seguir e determine, com suas palavras, as restrições que devem ser acrescentadas aos esquemas imagéticos para distinguir os significados de *em cima/embaixo* e *acima/abaixo*:

(1) O travesseiro foi cuidadosamente colocado embaixo da cabeça do paciente.
(2) O gato estava em cima do telhado.
(3) *A temperatura está em cima de 30°C.
(4) *O Uruguai fica embaixo da linha do Equador.
(5) *O travesseiro foi cuidadosamente colocado abaixo da cabeça do paciente.
(6) *O gato estava acima do telhado.
(7) Grande parte da Holanda está abaixo do nível do mar.
(8) O firmamento acima de nossas cabeças é um patrimônio para a humanidade.

IV. Em português, o modal *dever* pode indicar obrigação imposta por uma autoridade externa, como na sentença a seguir:

*Os alunos **devem** iniciar pontualmente a prova.*

Tomando como referência o exemplo, responda às seguintes perguntas:

(a) Você conhece outras expressões que poderiam ativar sentido semelhante nesse contexto?
(b) Usando sua intuição linguística, você acredita haver diferenças sutis de significado entre as expressões modais escolhidas na resposta anterior?

V. O esquema imagético TRAJETÓRIA consiste de ORIGEM (**A**), TRAJETO e DESTINO (**B**), conforme ilustrado:

Em relação à codificação linguística, diferentes partes desse esquema imagético podem ser destacadas. Indique, nos exemplos seguintes, quais são as partes destacadas pelas expressões em itálico:

(a) Eles saíram *do Brasil*.
(b) Maria viajou *para a França*.
(c) João viajou *da Inglaterra à França*.
(d) Edu viajou *pelo Eurotúnel até a França*.
(e) Eles foram *do Brasil* até *a Bolívia pela estrada de ferro*.

Notas

[1] A denominação "Gramática Cognitiva" está sendo usada aqui como tradução genérica para os termos *Cognitive Grammar* e *Grammatical Construal*, empregados respectivamente por Ronald Langacker e Leonard Talmy para se referir a seus modelos teóricos.
[2] Em inglês, *conventional imagery*.
[3] Em inglês, *imaging system*.
[4] Em inglês, *image schema*.
[5] As construções de objeto interdito foram descritas e analisadas por Bronzato (2000), em dissertação de mestrado defendida no Programa de Pós-Graduação em Linguística, da UFJF, sob orientação da profa. dra. Maria Margarida Salomão.
[6] Optei pelas traduções TRAJETOR e MARCO para os termos técnicos *TRAJECTOR* e *LANDMARK*, utilizados por Langacker (1987, 1990, 1991).
[7] Nas línguas que estabelecem diferença entre plural e paucal, por exemplo, a referência às abelhas que compõem um enxame pode ser feita através do plural, enquanto o número de janelas de uma casa exigiria usar o paucal.
[8] A noção de aspecto, embora trate algumas vezes da quantidade de instanciações de um evento (ex. aspecto iterativo), envolve várias outras facetas da estrutura temporal das ações.
[9] O iídiche é uma língua da família indo-europeia, subgrupo germânico, de origem judaica. Trata-se de uma língua não territorial, cuja escrita se utiliza do alfabeto hebraico.
[10] Sweetser (1990) prefere usar o termo *root modality* para englobar a dinâmica de forças relacionada ao mundo físico e ao espaço social, já que o uso do termo *deontic modility* indica, tradicionalmente, obrigação moral ou puramente social. Embora tenha mantido aqui o termo *modalidade deôntica*, mais utilizado em português, mantenho a perspectiva de Sweetser quanto a relacionar esse tipo de modalidade tanto a fenômenos físicos quanto a fenômenos sociais.

Metáforas e metonímias

Um dos traços que diferencia a Linguística Cognitiva de outras abordagens é a importância atribuída aos processos de **metáfora** e **metonímia**. Com o objetivo de detalhar essa nova perspectiva em relação às chamadas figuras de linguagem, este capítulo busca traçar um panorama das principais contribuições referentes ao assunto, não apenas reconhecido como um dos pilares fundamentais da área, mas também responsável por repercussões interessantes nas Ciências Cognitivas e Sociais, de um modo geral, e em disciplinas vizinhas, como a Psicologia Cognitiva e a Antropologia.

Metáforas da vida cotidiana

Tradicionalmente considerada uma forma especial de discurso, característica da linguagem literária, a metáfora passou a ser tratada como processo fundamental no uso cotidiano da linguagem. A Teoria da Metáfora Conceptual tem como marco inicial o livro *Metaphors we live by*, de Lakoff e Johnson (1980). Nesse trabalho, os autores fornecem uma série de evidências do caráter rotineiro de processos metafóricos, não apenas na linguagem, mas no pensamento e na ação: "Nosso sistema conceptual ordinário, em termos do qual pensamos e agimos, é basicamente de natureza metafórica" (1980: 3).

A metáfora está relacionada à noção de perspectiva, na medida em que diferentes modos de conceber fenômenos particulares estão associados a diferentes metáforas. Por exemplo, podemos falar metaforicamente do conceito de AFETO em termos de:

(a) temperatura (*O diretor é uma pessoa fria*; *Ela foi recebida calorosamente na festa*)
(b) distância espacial (*Eu me sinto bem próxima do meu irmão*; *Eu acho o jeito dela distante*; *Ele é bastante inacessível*)

Do mesmo modo, uma DISCUSSÃO pode ser caracterizada como:

(a) um prédio (*Isso sustenta o que eu estou dizendo*; *Seu argumento desmoronou*)
(b) uma jornada (*Aonde você quer chegar?*; *Isso me leva à próxima conclusão*; *Esse argumento nos leva mais adiante*)

Compreender um raciocínio também pode ser concebido como "seguir alguém": (*Eu não consigo acompanhar seus argumentos*; *Aquela discussão me deixou perdida*). Ou uma guerra: (*Seus argumentos são indefensáveis*; *Ele atacou todos os pontos fracos do meu argumento*; *Sua crítica foi direto ao alvo*; *Eu destruí o argumento dele*; *Eu nunca venci uma discussão com ele*).

Como ilustram os exemplos, a metáfora é, essencialmente, um mecanismo que envolve a conceptualização de um domínio de experiência em termos de outro. Sendo assim, para cada metáfora, é possível identificar um domínio-fonte e um domínio-alvo. O domínio-fonte envolve propriedades físicas e áreas relativamente concretas da experiência, enquanto o domínio-alvo tende a ser mais abstrato. Em exemplos como "Ele tem alta reputação na empresa"; "Ele despontou como o ator revelação este ano"; "João tem um cargo relativamente baixo", o domínio-fonte é a dimensão vertical do espaço físico, e o domínio-alvo é o *status* social.

Metáforas de tempo

Outra metáfora bastante recorrente é a que nos permite conceber TEMPO em termos de ESPAÇO ou de MOVIMENTO através do espaço.

Nesses casos, há duas perspectivas possíveis: o tempo é concebido como um local para onde o EGO se dirige ou como entidade que se desloca no espaço em direção ao EGO. Observemos:

I) Tempo como local
(70) Já estamos *perto do Natal*.
(71) Ele chegou *em cima da hora*.
(72) *Daqui para frente* o curso vai ficar mais difícil.
(73) *Estamos nos aproximando* da minha estação do ano favorita.

II) Tempo como entidade
(74)   O Natal *está chegando.*
(75)   O tempo *voa.*
(76)   O ano *está passando muito rápido.*
(77)   O tempo *não para.*

O fato de que, em uma mesma língua o tempo possa ser concebido de duas formas diferentes confirma o caráter metafórico de sua conceptualização. Como não podemos acessá-lo diretamente por meio de nossos sentidos (visão, audição, olfato etc.), recorremos ao conhecimento de base experiencial relativo ao espaço e o projetamos para o domínio abstrato de tempo.

No caso da concepção do tempo como um local para onde o EGO se dirige, é interessante notar que há variação interlinguística. Em pesquisa recentemente publicada sob o título "With the future behind them"[1], Núñez e Sweetser (2006) demonstraram que em aymara, língua indígena falada nos Alpes andinos,[2] diferentemente do que acontece na grande maioria das línguas, o futuro é concebido como um local atrás do EGO, enquanto o passado é representado como um local à frente do EGO.

Observemos os seguintes exemplos, em que o item polissêmico *nayra* (olho/visão/frente) é usado em expressões que indicam tempo passado:

(78)   nayra mara
       frente ano
       "ano passado"
(79)   *ancha nayra pacha-na*
       muito frente tempo-em
       "muito tempo atrás"

Por outro lado, o item *qhipüru* (costas/atrás) integra expressões que indicam tempo futuro, conforme os exemplos:

(80)   *qhipüru*
       qhipa uru
       costas/atrás dia
       "um dia futuro"

(81) *akata qhiparu*
      aka -ta qhipa uru
      este de atrás dia
      "daqui para frente"

Núñez e Sweetser (2006) ressaltam que a maior parte das línguas privilegia as correlações metafóricas entre passado/atrás e futuro/frente por conceber o EGO em deslocamento por um caminho. Assim, o lugar por onde o EGO já passou é CONHECIDO; o lugar por onde o EGO ainda vai passar é DESCONHECIDO. Os falantes de aymara privilegiam uma concepção estática, em que o que é CONHECIDO está no campo visual do EGO e o que é DESCONHECIDO está fora do seu campo visual. Assim, o passado estaria à frente; o futuro estaria atrás.

Apesar da conceptualização do tempo como espaço ter sido observada em todas as línguas descritas até o momento, existem metáforas que relacionam o conceito abstrato de tempo a outros domínios da experiência, caso de TEMPO É DINHEIRO:

(82) Estou *perdendo* meu tempo.
(83) Essa máquina vai fazer você *poupar* tempo.
(84) Como você *gasta* seu tempo?

Esses enunciados ilustram, mais uma vez, que a essência da metáfora é experienciar uma coisa em termos de outra.

Em suma, a linguagem usada para falar de conceitos abstratos como o TEMPO não é poética, retórica ou rebuscada. Falamos dessa forma porque concebemos os eventos temporais como projeções de áreas relativamente concretas de nossa experiência física, de base sensório-motora.

Metáfora do conduto

Outro caso clássico de como um conceito metafórico pode estar associado à nossa experiência é observado no que Michael Reddy (1979) denominou "metáfora do conduto" (*conduit metaphor*). Reddy observou que a linguagem utilizada para retratar a comunicação verbal é estruturada, em linhas gerais, pelas seguintes metáforas:

IDEIAS (OU SIGNIFICADOS) SÃO OBJETOS
EXPRESSÕES LINGUÍSTICAS SÃO RECIPIENTES
COMUNICAR É ENVIAR

Segundo análise detalhada do inglês estabelecida por Reddy, 70% das expressões utilizadas para falar da comunicação verbal são exemplos de metáfora do conduto. Em português, encontramos situação semelhante. Vejamos:

(85) É difícil *passar aquela ideia para ela*.
(86) Eu *dei aquela ideia a você*.
(87) É difícil *colocar minhas ideias em palavras*.
(88) Você não pode sair *colocando ideias no papel* de qualquer maneira.
(89) Suas palavras parecem *vazias*.

Os exemplos ilustram o fato de que concebemos o falante como aquele que coloca objetos (ideias) dentro de recipientes (palavras) e as envia (através de um conduto) para o interlocutor, que, por sua vez, deve retirar esses objetos (ideias) dos recipientes (palavras) para chegar à interpretação da sentença.

Sistemas metafóricos

As metáforas conceptuais podem interagir, gerando sistemas metafóricos complexos. Lakoff (1993) descreve um tipo particular de sistema metafórico, que denomina "metáfora de estrutura de evento". Trata-se, na verdade, de uma série de metáforas que interagem para que se chegue à interpretação de outra metáfora, mais geral. A metáfora VIDA É VIAGEM pode ser composta pelos seguintes sistemas metafóricos:

ESTADOS SÃO LOCAIS
(90) Ele chegou a um *beco sem saída* na vida.

MUDANÇA É MOVIMENTO
(91) Ele *foi dos quarenta aos cinquenta*, sem nenhuma crise de meia-idade.

CAUSAS SÃO FORÇAS
(92) Ele *teve impulso da família* para se posicionar bem na vida.

METAS SÃO DESTINOS
(93) Ele vai *chegar aonde* quiser na vida.

MEIOS SÃO CAMINHOS
(94) Ele seguiu um *caminho* pouco convencional na vida.

DIFICULDADES SÃO IMPEDIMENTOS AO MOVIMENTO
(95) Vários tipos de problema *atravessaram seu caminho*.

ATIVIDADES COM PROPÓSITO SÃO JORNADAS
(96) Sua vida foi uma *jornada* bastante estranha.

Os exemplos ilustram projeções metafóricas que têm VIDA como domínio-alvo, e VIAGEM como domínio-fonte. Os EVENTOS a compor essa metáfora são eventos da vida, enquanto PROPÓSITOS são objetivos de vida. Entretanto, se VIDA É VIAGEM é uma metáfora de estrutura de evento, reflete projeções compostas por uma gama de metáforas relacionadas e mutuamente coerentes. Os exemplos (90) a (96) herdam a estrutura dessas metáforas específicas no âmbito do complexo metafórico de estrutura de evento.

Vale notar que, de forma análoga, as metáforas DISCUSSÃO É VIAGEM, AMOR É VIAGEM e CARREIRA É VIAGEM também se apoiam em estruturas de evento complexas.

Personificação

Outro tipo de correspondência metafórica que tem merecido atenção dos estudiosos é a chamada *Personificação*. Ao analisar vários poemas em inglês sobre a morte, Lakoff e Turner (1989) concluíram que o evento costuma ser personificado de várias formas: condutores, cocheiros, ceifadores, devoradores, destruidores ou oponentes em luta ou jogo (por exemplo, cavaleiro ou oponente no jogo de xadrez).

Os autores estabeleceram, ainda, a hipótese de que a metáfora geral EVENTOS SÃO AÇÕES é combinada a outras metáforas independentes para vida e morte. Na metáfora MORTE É VISITA, visita é concebida como um evento em função da ação de um agente que chega para visitar alguém. Assim, pode-se ter a personificação da morte como um visitante, como ocorre no famoso poema "Consoada", de Manuel Bandeira:

(97) Quando a Indesejada das gentes chegar
(Não sei se dura ou caroável),
Talvez eu tenha medo.
Talvez sorria, ou diga:
– Alô, iniludível!
O meu dia foi bom, pode a noite descer.

(A noite com seus sortilégios.)
Encontrará lavrado o campo, a casa limpa.
A mesa posta,
Com cada coisa em seu lugar.

É interessante notar que, embora o conceito de MORTE possa ser personificado de várias formas, assumindo traços humanos de intencionalidade e volição, as qualidades selecionadas são restritas: a MORTE pode "devorar", "destruir", "ceifar", mas não "ensinar" ou "sentar". Para dar conta dessa restrição, Lakoff e Turner (1989) propuseram o **Princípio da Invariância**, que garante a invariância do esquema imagético no processo de projeção entre domínios. A estrutura do domínio-fonte precisa ser preservada pela projeção, de modo consistente com o domínio-alvo.

O Princípio da Invariância também prediz que as inferências metafóricas incompatíveis com o domínio-alvo não serão projetadas. Consideremos a metáfora CAUSAÇÃO É TRANSFERÊNCIA (DE OBJETO), ilustrada a seguir:

(98) Ela está dando dor de cabeça a ele. (ESTADO)
(99) Ela deu um beijo nele. (EVENTO)

Em ambos os exemplos, o domínio-fonte é a TRANSFERÊNCIA FÍSICA acarretando a inferência de que o recipiente toma posse da entidade transferida (o estado "dor de cabeça" e o evento "beijo"). Entretanto, essa inferência só se mantém quando o domínio-alvo é um ESTADO, que é temporalmente não delimitado, mas soa menos natural no caso de EVENTO, cuja temporalidade é delimitada, conforme ilustrado a seguir:

(100) O processo deu, e continua dando, dor de cabeça a ele.
(101) Ela deu, e continua dando, um beijo nele.

Em suma, a metáfora não é apenas uma questão de palavras. Ao contrário, metáforas como expressões linguísticas são possíveis precisamente porque há projeções metafóricas no sistema conceptual humano. Nos termos de Lakoff e Johnson (1980), as metáforas são analisadas como relações estáveis e sistemáticas entre dois domínios conceptuais. A estrutura conceptual e a linguagem do domínio-fonte são usadas para retratar uma situação no domínio-alvo. A projeção entre domínios é considerada estrutura de conhecimento armazenada na memória de longo prazo.

A unidirecionalidade da metáfora

Ao propor a Teoria da Metáfora Conceptual, os estudiosos observaram que as metáforas estabelecem correspondências entre um domínio-fonte e um domínio-alvo, mas não o contrário. Isso significa que uma das propriedades do processo é a unidirecionalidade. Podemos conceptualizar o tempo em termos de espaço, mas não o oposto.

Em relação à motivação para o estabelecimento de um domínio como fonte ou alvo, a proposta inicial estabelecia que o domínio-fonte tendia a ser mais concreto e mais "apreensível", enquanto o domínio-alvo seria mais abstrato e, portanto, mais difícil de compreender e retratar linguisticamente.

Dentro dessa perspectiva, Kövecses (2002) propôs que os domínios-fonte mais comuns são CORPO HUMANO (*o coração da cidade*), ANIMAL (*o leão do imposto de renda*), PLANTA (*a raiz do problema*), COMIDA (*cozinhar o assunto*) e FORÇA (*empurrar a crise para depois*). Por outro lado, os domínios-alvo mais frequentes são EMOÇÃO (*ser equilibrado*), MORALIDADE (*resistir à tentação*), PENSAMENTO (*ver a lógica do argumento*), RELAÇÕES HUMANAS (*ter um casamento sólido*) e TEMPO (*gastar o tempo*).

A intuição de que conceitos mais abstratos "reclamam" conceptualização metafórica resulta da observação do caráter mais difuso desses conceitos, os quais carecem de delineação mais precisa. Assim, a metáfora permitiria que um tipo de estrutura mais concreta e bem definida do domínio-fonte fosse projetada para o domínio-alvo, estruturando-o.

Metáforas e esquemas imagéticos

A Teoria da Metáfora Conceptual explorou, ainda, a ideia de que determinados conceitos derivam de esquemas imagéticos (Lakoff, 1987, 1990), argumentando que tais esquemas podem servir de domínio-fonte para a correspondência metafórica. Na metáfora ESTADOS SÃO LOCAIS, o domínio-fonte LOCAL pode ser concebido como REGIÃO DELIMITADA NO ESPAÇO, como ilustram os seguintes exemplos:

(102) Ele está *em depressão* desde o início do ano.
(103) Ela ficou *nas nuvens* com o prêmio.
(104) O paciente entrou *em coma*.

Os esquemas imagéticos são estruturas de conhecimento que emergem diretamente da experiência corpórea pré-conceptual. Tais estruturas adquirem relevância no nível conceptual justamente por derivar dessa experiência. O esquema imagético de CONTRAFORÇA, por exemplo, surge da experiência de impedimento ao movimento, porque uma força resiste à nossa tentativa de prosseguir. Nos exemplos anteriores, o esquema imagético de REGIÃO DELIMITADA estrutura o conceito abstrato de ESTADO. Já no exemplo a seguir é o esquema imagético OBJETO que estrutura o conceito abstrato de EVENTO:

(105) As coisas estão bem, agora.

O sintagma "as coisas" indica, metaforicamente, acontecimentos específicos. Em linhas mais gerais, a teoria contemporânea da metáfora fornece evidências para o tratamento sistemático dos seguintes fenômenos:
(a) generalizações sobre polissemia, envolvendo o uso de palavras com significados relacionados
(b) generalizações nas quais padrões de inferência atuantes em um domínio são transferidos para outros
(c) generalizações envolvendo linguagem metafórica nova

Nas próximas subseções, esses fenômenos serão discutidos e exemplificados.

Metáfora e polissemia

Uma das projeções detalhadamente discutidas por Lakoff e Johnson (1980) é a metáfora AMOR É VIAGEM. Nessa metáfora, o domínio experiencial VIAGEM abrange os seguintes aspectos:

(i) Dois VIAJANTES estão dentro de um VEÍCULO, VIAJANDO PARA UM MESMO LOCAL. O VEÍCULO encontra um IMPEDIMENTO e fica parado. Se os viajantes nada fizerem, não CHEGARÃO AOS SEUS DESTINOS.

As correspondências ontológicas que constituem a metáfora projetam a ontologia de viagem descrita acima na ontologia de amor, nos seguintes moldes:

(i') Dois AMANTES estão dentro de um RELACIONAMENTO AMOROSO, ALMEJANDO OBJETIVOS DE VIDA COMUNS. O RELACIONAMENTO encontra DIFICULDADES, que podem torná-lo INVIÁVEL.

O tratamento da metáfora em termos de projeção entre domínios explica por que várias construções diferentes podem expressar a mesma metáfora, como é o caso dos exemplos a seguir:

(106) O relacionamento *chegou a um beco sem saída*.
(107) Ela pretende *voltar* para o ex-namorado.
(108) O casamento deles está *à beira de um precipício*.

Se a metáfora fosse uma questão de linguagem, e não de pensamento e raciocínio, os exemplos anteriores representariam metáforas diferentes, o que não acontece. A mesma metáfora AMOR É VIAGEM está refletida em diferentes expressões metafóricas.

As metáforas conceptuais, por sua vez, dão lugar a uma série de generalizações polissêmicas. As expressões "beco sem saída", "voltar" e "à beira de um precipício" tanto podem se referir ao domínio experiencial básico de viagem quanto ao domínio abstrato do relacionamento amoroso.

De forma ainda mais sistemática, é fato que a metáfora está na base de uma série de verbos polissêmicos. Tomemos o verbo "virar". O significado básico envolve a ideia de mudança e, mais especificamente, de rotação de uma entidade sobre o próprio eixo, como em "A canoa virou" e "O cozinheiro virou a panqueca".

Entretanto, um outro uso possível é o que vemos em *"O carro virou na Rua do Ouvidor"*. Nesse caso, há uma entidade que percorre uma trajetória; em certo ponto, empreende uma mudança de orientação e, consequentemente, de direção.

Em função de uma projeção metafórica entre mudança de orientação e mudança de estado, o verbo "virar" pode indicar uma mudança física (*"O príncipe virou sapo", "A água virou vinho"*).

Por fim, as fases importantes da vida podem ser conceptualizadas como pontos em que os indivíduos fazem uma mudança de direção, motivando o uso de "virar" (*"Quando você virar adulto, vai entender o que estou falando"*).

Há aqui uma integração entre elementos cognitivos e socioculturais – a metáfora da vida como uma viagem, a noção cultural de fases diferentes da vida e a noção de transição temporal como transição espacial.

Padrões inferenciais

Em relação à metáfora AMOR É VIAGEM, pode-se dizer que a ontologia do domínio VIAGEM permite uma série de processos inferenciais. Dada a situação descrita em (i), as alternativas para ação são as seguintes:
- os viajantes podem tentar fazer o veículo andar novamente, consertando-o ou superando o impedimento que o bloqueou.
- os viajantes podem permanecer no veículo e desistir de prosseguir viagem.
- os viajantes podem abandonar o veículo.

Do mesmo modo, essas inferências podem ser projetadas para o domínio-alvo, de modo que as seguintes alternativas se associam ao amor:
- os amantes podem tentar fazer a relação funcionar de novo, reformulando-a ou superando as dificuldades.
- os amantes podem permanecer no relacionamento disfuncional, desistindo de atingir seus objetivos de vida.
- os amantes podem abandonar o relacionamento.

Essas alternativas demonstram que os padrões inferenciais são projetados de um domínio para o outro. Na verdade, são essas projeções que permitem a aplicação do conhecimento sobre viagem aos relacionamentos amorosos.

Extensões novas de metáforas convencionais

O fato de que a metáfora AMOR É VIAGEM seja parte integrante de nosso sistema conceptual explica por que usos novos e criativos dessa projeção possam ser compreendidos sem esforço. Tomemos o seguinte trecho da música "Meu bem, meu mal", de Caetano Veloso:

(109) Você é *meu caminho/*
meu vinho, meu vício/
desde o início, estava você/
meu bálsamo benigno/
meu signo, meu guru/
porto seguro onde eu vou ter.

As expressões em itálico representam a pessoa amada simultaneamente como caminho, ponto de partida e ponto de chegada da "viagem" amorosa.

Outras metáforas que partem do domínio-fonte VIAGEM têm sido usadas criativamente, como é o caso do famoso poema "No meio do caminho", de Carlos Drummond de Andrade:

(110) *No meio do caminho* tinha uma pedra
tinha uma pedra *no meio do caminho*
tinha uma pedra
no meio do caminho tinha uma pedra

A metáfora VIDA É VIAGEM permite que as expressões "no meio do caminho" e "tinha uma pedra" ativem a interpretação de que o poeta alude às situações adversas que fazem parte da experiência de viver. Esquematicamente, é possível estabelecer as seguintes projeções entre o domínio-fonte (VIAGEM) e o domínio-alvo (VIDA):[3]

(111) Caminho ▶ vida
Meio do caminho ▶ período da vida
Pedra ▶ obstáculo

É interessante notar que as projeções metafóricas não devem ser concebidas como algoritmos que produzem *outputs* no domínio-alvo. Na verdade, cada projeção define potencialmente um conjunto aberto de correspondências a partir de padrões inferenciais compatíveis com contextos comunicativos e socioculturais específicos.

Metonímias

A metonímia é tradicionalmente definida como deslocamento de significado, no qual uma palavra normalmente utilizada para designar determinada entidade passa a designar uma entidade contígua (Ullmann, 1957; Lakoff e Johnson, 1980; Taylor, 2003). Tal como no caso da metáfora, os estudos em semântica cognitiva argumentam que a metonímia não é um fenômeno puramente linguístico, mas ocupa lugar central em nossos processos cognitivos.

A contiguidade, por sua vez, é estabelecida em termos de associação na experiência. Lakoff e Turner (1989) sugerem que a projeção metonímica envolve só um domínio, ao contrário da metáfora, que se dá entre dois domínios. Consideremos os seguintes exemplos, típicos de metonímia:

(112) *Proust* é difícil de ler.
(113) *O Globo* superou o *Jornal do Brasil* em termos de mercado.

No exemplo (112), o uso metonímico de *Proust* refere-se aos livros escritos pelo autor; enquanto o exemplo (113) recorre às expressões *O Globo* e *Jornal do Brasil* para designar metonimicamente as empresas responsáveis por ambos os jornais.

Contribuições posteriores a Lakoff e Turner (1989) propõem o envolvimento de projeção entre domínios no processo metonímico, desde que estes se caracterizem como subdomínios de um mesmo domínio-matriz. Croft (1993) afirma que a metonímia promove o realce de um domínio específico no âmbito de um domínio-matriz complexo e abstrato, estruturado por um único MCI.

A diferença entre metáfora e metonímia, portanto, reside no fato de que a primeira envolve projeção entre dois domínios que não são parte de um mesmo domínio-matriz. Por exemplo, na sentença "Ela é alto astral" não há um domínio de [ORIENTAÇÃO ESPACIAL] que faça parte da matriz [EMOÇÃO]. A ideia de que FELIZ É PARA CIMA envolve dois diferentes conceitos com a própria estrutura de evento subjacente. Por outro lado, a sentença "Este livro é a história do Iraque" é metonímica por relacionar o termo *livro* a algo que faz parte, secundariamente, do domínio-matriz LIVRO: o fato de que livros têm conteúdo. A metonímia, portanto, coloca em proeminência a informação relevante da caracterização enciclopédica do domínio-matriz em um determinado contexto.

Consideremos alguns exemplos de sinédoque, fenômeno normalmente tratado como caso de metonímia, em que se toma a parte pelo todo:

(114) Há muitas *mentes* capazes na universidade.
(115) Estou vendo várias *caras* novas aqui hoje.

Os itens *mentes* e *caras* destacam aspectos diferentes no domínio-matriz [PESSOA], pois cada parte do corpo é associada a diferentes qualidades e comportamentos humanos. A sinédoque, na verdade, destaca não apenas a parte de um todo, mas a parte relevante para a predicação. Assim, o item *mentes*, em (114), coloca em proeminência a inteligência, enquanto a palavra *caras*, em (115), destaca as pessoas em si.[4]

Para explicar a escolha da expressão que funciona como "veículo" da metonímia, Kövecses e Radden (1998) propuseram a atuação de princípios cognitivos e comunicativos que refletem nossa perspectiva antropocêntrica de privilegiar humanos e atividades relevantes para os humanos. Entre esses princípios, destacamos:

(i) HUMANO SOBRE NÃO HUMANO
   (116) *Senna* chegou em primeiro lugar, em Mônaco. (controlador pelo controlado)
   (117) Ela está lendo *Clarice Lispector*. (produtor pelo produto)

(ii) CONCRETO SOBRE ABSTRATO
   (118) Ele é o *braço-direito* da dona da empresa. (parte do corpo por ação = sentido de "ajudar, apoiar")
   (119) A carta o deixou com um *nó na garganta*. (parte do corpo por emoção = sentido de "emocionado, sensibilizado")
   (120) Eles não *deram ouvido* às advertências. (parte do corpo por percepção = sentido de "escutar, dar atenção")
   (121) Os náufragos queriam salvar a própria *pele*. (visível por invisível = sentido de "salvar a vida")

Os exemplos em (i) e (ii) ilustram a ativação de dois conceitos relacionados: o que é explicitamente mencionado (de alta relevância cognitiva) e o que é acessado implicitamente pela projeção metonímica (de alta relevância comunicativa).

Metáfora *versus* metonímia

Vários estudos em LC têm destacado o fato de que a metonímia tem *função referencial* – uma entidade substitui, ou identifica, outra entidade, como na escolha de *Proust* para identificar *a obra de Proust*. Em contraste, a metáfora tem sido apontada pelos estudiosos como um processo para enquadrar um alvo particular em termos de uma nova categoria (*"Meu trabalho é uma prisão"*), ou analogia (*"Meu chefe é uma águia"*). A metáfora prototípica apresenta o que se pode chamar de *função predicativa*.

Propostas recentes, entretanto, argumentam que, embora haja casos claros de metáfora e metonímia, não há sempre uma distinção nítida o suficiente para identificar onde termina uma e começa outra (Evans, 2010; Barnden, 2010). Os estudiosos propõem não só a existência de continuidade entre linguagem literal e figurativa, mas também uma continuidade entre metáfora e metonímia.

Metaftonímia

O papel da metonímia é tão importante que alguns semanticistas chegam mesmo a sugerir que o processo é mais fundamental para o nosso sistema cognitivo do que a metáfora (Barcelona, 2003; Taylor, 2003). Há casos descritos na literatura como metáforas primárias, em que se verifica correlação entre domínios da experiência (Grady, 1997a).

É fácil perceber a correlação entre ALTURA e QUANTIDADE: se colocarmos água no copo, quanto mais alto estiver o nível da água, maior será a quantidade do líquido. Se essa correlação for aplicada a domínios mais abstratos, teremos metáforas primárias de origem metonímica, conforme os exemplos:

(122) Os preços estão *altos*.
(123) As ações *baixaram* mais do que deveriam.

Embora de origem metonímica, as sentenças refletem uma correspondência metafórica entre valor e quantidade. Em função de exemplos desse tipo, a literatura cognitivista vem reconhecendo há algum tempo o processo de **metaftonímia**, resultante justamente da interação entre metáfora e metonímia (Goossens, 1990).

Para ilustrar a metaftonímia, observemos um caso de metonímia dentro de metáfora:

(124) O primeiro-ministro não deu ouvidos às reclamações do deputado.

O exemplo é licenciado pela metáfora ATENÇÃO É ENTIDADE TRANSFERIDA, de acordo com a qual a ATENÇÃO é entendida como entidade que pode ser transferida de uma pessoa para outra (observe-se o uso do verbo "dar"). Entretanto, dentro dessa metáfora há uma metonímia que toma OUVIDO por ATENÇÃO, de modo que o ouvido é a parte do corpo a funcionar como veículo para o conceito de atenção na metáfora.

Para finalizar o capítulo, vale ressaltar que a abordagem da metáfora e da metonímia como processos de pensamento estabelece interessante diálogo com outra vertente da Linguística Cognitiva, denominada **Teoria dos espaços mentais**. Trata-se de um modelo teórico capaz de tratar das relações entre domínios cognitivos estáveis e locais, que costumam ser acessados e introduzidos à medida que o discurso vai sendo construído. Esse modelo será abordado no próximo capítulo, cujo objetivo é ressaltar os principais constructos que o fundamentam, bem como ilustrar seu potencial analítico no tratamento de fenômenos linguísticos como referências anafóricas, ambiguidades referenciais, entre outros. Em especial, veremos como a noção de espaço mental constitui um passo fundamental para a descrição do processo de mesclagem conceptual que, de forma criativa e enriquecedora, abre novas perspectivas para o entendimento das metáforas.

Exercícios

I. Identifique as metáforas subjacentes à seguinte letra da MPB, especificando as expressões metafóricas que as refletem:

O Sol
Jota Quest
(Composição: Antônio Júlio Nastácia)

Ei, dor!
Eu não te escuto mais
Você não me leva a nada
Ei, medo!
Eu não te escuto mais
Você não me leva a nada...
E se quiser saber
Pra onde eu vou
Pra onde tenha Sol
É pra lá que eu vou...

II. A hipótese da mente corporificada (*embodiment hypothesis*, Lakoff e Johnson, 1999) assume que a mente não é uma entidade metafísica, independente do corpo humano, mas se estrutura através das nossas experiências corporais. Conforme demonstram Almeida et al (2009), isso explica por que muitas expressões linguísticas designam, metafórica ou metonimicamente, partes do corpo para falar das mais variadas situações. Com base nessas informações, analise as expressões a seguir e explicite projeções entre domínios ativadas na construção do significado de cada uma delas:

(a) orelha de livro
(b) cabeça de prego
(c) pé de mesa
(d) boca do forno
(e) barriga da perna

III. O diagrama a seguir, baseado em Ferreira (2009), representa o domínio-matriz [CABEÇA]. Analise as expressões metonímicas subsequentes, especificando os diferentes aspectos do domínio ativados em cada uma das expressões:

```
                        CABEÇA
                Parte superior do corpo
                    ┌──────┴──────┐
                  Crânio         Cérebro
                 ╱     ╲            │
        Couro cabeludo  Cabelo    Mente
                                 ╱  │  ╲
                        Inteligência  Ideias  Juízo/razão/seriedade
```

(a) Ele usou a cabeça e resolveu estudar mais.
(b) Você precisa abrir a cabeça para teorias mais modernas.
(c) Ela perdeu a cabeça e acabou traindo o namorado.
(d) O soldado raspou a cabeça para entrar na corporação.
(e) O menino quebrou a cabeça e teve que levar dez pontos.
(f) A atleta lava a cabeça todos os dias.
(g) O aluno achou que sua cabeça ia explodir e seus neurônios iam "fritar" durante a prova.

IV. Associe cada uma das seguintes manchetes de jornais às metáforas listadas:

Manchetes políticas
1. Europa entra na crise política.
2. As duas faces do capitalismo.
3. Lula descarta novos reajustes.
4. Brasil cede e não vai retaliar EUA.
5. Ministro chega em cima da hora.

Manchetes esportivas
6. Treino leve para titulares.
7. Inglaterra enfrenta hoje a Argélia.
8. O time do Uruguai reacende a paixão do torcedor.

9. Acompanhe tudo o que rola na África.
10. Jogadores embarcam no carinho da torcida.

Metáforas:
( ) Facilidade é leveza
( ) Estados são locais
( ) Afeto é calor
( ) Futebol é guerra
( ) Amor é viagem
( ) Sistemas políticos são pessoas
( ) Política é guerra
( ) Tempo é espaço
( ) Rejeitar é descartar
( ) Acontecer é rolar

V. Identifique as relações metonímicas nas seguintes frases, explicitando o "veículo" e o "alvo":
(a) Ela adora Salvador Dali.
(b) O Planalto parabenizou os esforços do Kremlin.
(c) O restaurante barrou a entrada do rapaz sem camisa.
(d) O aluno xerocou o artigo.

Notas

[1] O título pode ser traduzido como "Com o futuro atrás deles".
[2] Aymara é falado no oeste da Bolívia, sudeste do Peru e norte do Chile.
[3] Obviamente, essas correspondências metafóricas não esgotam as interpretações possíveis do poema. O objetivo aqui é apenas indicar uma das rotas possíveis de interpretação, a partir da metáfora VIDA É VIAGEM.
[4] Por esse motivo, sentenças como "Há muitas caras capazes na universidade" ou "Estou vendo várias mentes novas aqui hoje" são menos aceitáveis, porque ativam aspectos do domínio-matriz menos compatíveis com o significado global das sentenças.

A Teoria dos espaços mentais

Entre os modelos teóricos que integram o arcabouço geral da Linguística Cognitiva, a Teoria dos espaços mentais desempenha papel destacado. A principal premissa da pesquisa com espaços mentais é que as mesmas operações de correspondência entre domínios (*mappings*) atuam na semântica elementar, na pragmática e no raciocínio abstrato. No âmbito da linguagem, essas operações são indicadas por estruturas linguísticas específicas. Nos termos de Fauconnier (1997: 1), "a linguagem visível é a ponta do *iceberg* da construção invisível do significado que tem lugar enquanto falamos e pensamos".

A Teoria dos espaços mentais (Fauconnier 1994, 1997) propõe que espaços mentais são criados à medida que o discurso se desenvolve. Tais espaços são domínios conceptuais que contêm representações parciais de entidades e relações em um cenário percebido, imaginado ou lembrado. Assim, o espaço que ancora o discurso na situação comunicativa imediata (falante, ouvinte(s), lugar e momento da enunciação) é a BASE. A partir da BASE, outros espaços são normalmente criados para alocar informações que extrapolam o contexto imediato: falamos de passado e do futuro, de lugares distantes, de hipóteses, de arte e literatura e também de cenários que só existem em nossa imaginação.

Projeção entre domínios

O conceito de projeção ou correspondência entre elementos e relações em diferentes espaços é fundamental para a teoria. No sentido matemático mais geral, a correspondência entre dois conjuntos atribui a cada elemento do primeiro conjunto uma contraparte no segundo:

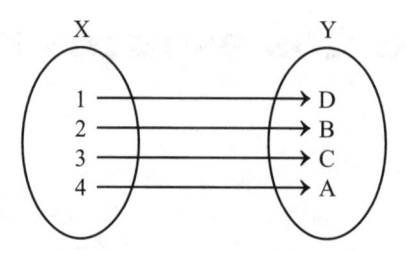

Figura 21 – Correspondência entre domínios.

De forma análoga à representação, elementos alocados em espaços mentais podem estabelecer contrapartes.

O conceito de projeção é ilustrado com base na noção de Função Pragmática, que licencia o Princípio de Identidade, descrito a seguir:

"Se dois objetos, 'a' e 'b', estão ligados por uma função
pragmática f(b=f(a)), uma descrição de 'a' pode ser usada
para identificar sua contraparte 'b'."

Consideremos a seguinte sentença:

(125) No quadro, a garota de olhos verdes tem olhos azuis.

Sentenças desse tipo colocam dificuldades para modelos formais de semântica, pois parecem envolver uma contradição. Entretanto, o fato de a sentença ser perfeitamente aceitável é explicado se considerarmos que "a garota de olhos verdes" e "a garota de olhos azuis" existem em dois espaços mentais distintos – o Espaço de Realidade (ou Espaço BASE) e o Espaço de Representação. Ao mesmo tempo, essas referências se relacionam por uma função pragmática que estabelece correspondência analógica entre ambas (pois sabemos que "a garota de olhos azuis" é uma representação da "garota de olhos verdes"). Vejamos:

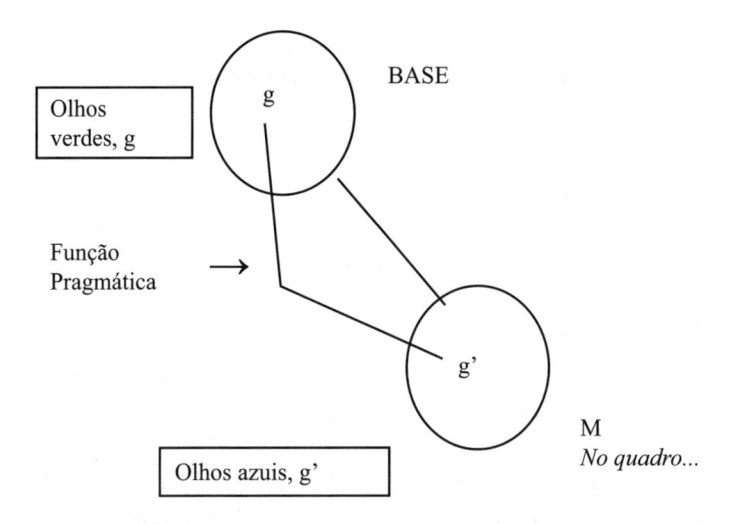

Figura 22 – Representação da sentença (125).

Espaços mentais são, portanto, domínios conceptuais locais que permitem o fracionamento da informação, disponibilizando bases alternativas para o estabelecimento da referência. Tais espaços são criados a partir de indicadores linguísticos, tecnicamente denominados **construtores de espaços mentais** (*space builders*), entre os quais se incluem sintagmas preposicionais, morfemas modo-temporais e orações temporais e condicionais.

Do ponto de vista semântico, os espaços criados podem ser de diferentes tipos. Vejamos as categorias mais comuns:

(a) Espaços geográficos
   (126) *Na Índia*, as vacas são animais sagrados.
   (127) *Naquela praça*, as árvores estão floridas.

(b) Espaços temporais
   (128) *Em 1964*, Martin Luther King ganhou o Prêmio Nobel da Paz.
   (129) *Quando o inverno chegar*, eles viajarão.

(c) Espaços condicionais
   (130) *Se o presidente viajar*, o vice assumirá o cargo.
   (131) *Caso o time perca o jogo*, vai ser rebaixado.

(d) Espaços contrafactuais
    (132) Como seria a Terra, *se tivesse anéis como os de Saturno*?
    (133) *Quem dera que* não houvesse guerras!

(e) Espaços de representação
    (134) *No quadro*, a moça de cabelo louro contempla a paisagem.
    (135) *Naquele filme*, o rei é um tirano.

(f) Espaços de domínios de atividade
    (136) *No futebol americano*, há jogadores que apenas defendem.
    (137) *Na medicina chinesa*, usam-se remédios à base de ervas.

Nas sentenças anteriores, as expressões em negrito são construtores de espaços mentais (*space builders*). Os espaços criados por essas expressões constituem domínios alternativos em relação ao Espaço BASE (B). Comparemos os seguintes exemplos:

(138) Está fazendo calor.
(139) Na Europa, está fazendo calor.

O exemplo (138) é normalmente interpretado como informação referente ao contexto imediato em que a sentença se insere, já que, na ausência de um *space builder* introduzindo outro espaço, tendemos a assumir que o espaço de referência para a sentença é a BASE. É o que ilustra a representação a seguir:

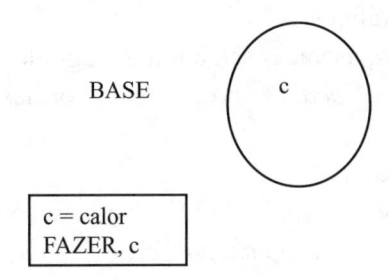

BASE
c

c = calor
FAZER, c

Figura 23 – Representação da sentença (138).

Na Figura 23, o elemento *c* é estabelecido na BASE, pois o uso do tempo PRESENTE indica coincidência temporal entre o evento descrito e o contexto comunicativo em que a sentença é produzida. Por outro lado, como a sentença não apresenta expressões locativas, infere-se que há uma relação estreita entre o local do evento descrito e o local em que a sentença é enunciada.

Em (139), o construtor de espaço *na Europa* introduz um espaço diferente da BASE, que servirá de moldura referencial para a informação subsequente:

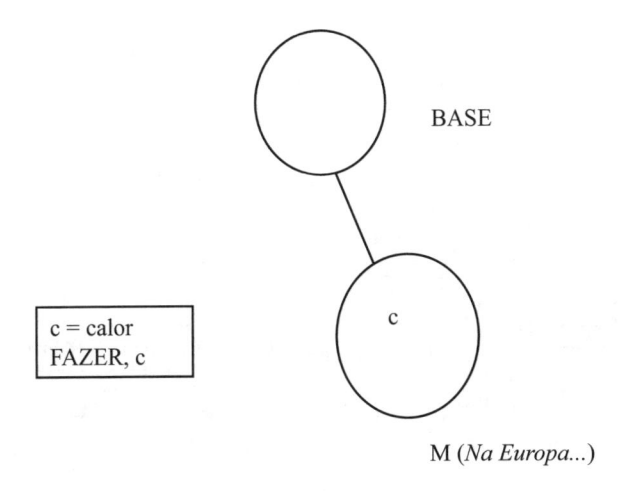

```
                    ○ BASE
                   
    ┌─────────┐   
    │ c = calor│    ○ c
    │ FAZER, c │
    └─────────┘
                    M (Na Europa...)
```

Figura 24 – Representação da sentença (139).

No diagrama, o elemento *c* (*calor*) estabelece referência diretamente no espaço M.

Referências anafóricas e ambiguidades referenciais

Uma das vantagens do modelo dos espaços mentais é fornecer um tratamento elegante para referências anafóricas e ambiguidades referenciais.

No caso dos pronomes anafóricos, observemos os seguintes exemplos:

(140) Lisa está sorrindo no quadro, porém ela está deprimida há meses. (o antecedente do pronome "ela" é "Lisa em carne e osso")

(141) Lisa está deprimida há meses, mas no quadro <u>ela</u> está sorrindo. (o conector se aplica à interpretação do pronome "ela", que passa a indicar a representação pictórica de Lisa)

A representação seguinte ilustra o modo pelo qual se estabelece a referência anafórica do pronome "ela" nas sentenças (140) e (141):

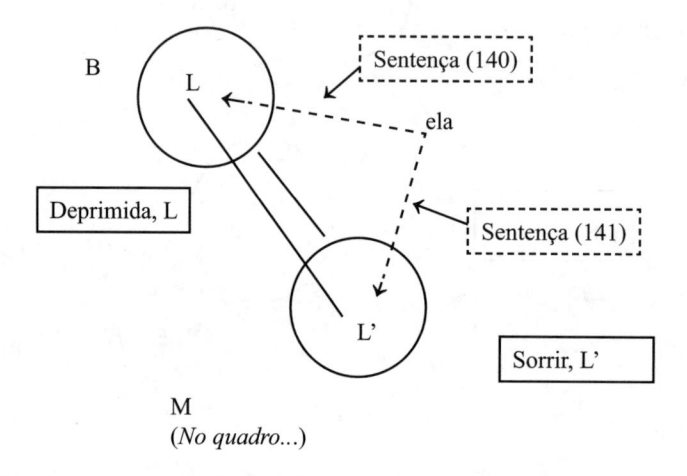

Figura 25 – Representação da referência anafórica referente às sentenças (140) e (141).

Como mostra o diagrama, as possibilidades de interpretação do pronome *ela* nos exemplos decorrem da existência de dois espaços mentais – o espaço B e o espaço de representação M. Sendo assim, o pronome pode acessar o referente *Lisa* no espaço B, como em (140), ou a representação de Lisa no espaço M, como em (141).

Em relação às ambiguidades referenciais, a seguinte sentença ilustra o fenômeno:

(142) Na Bolívia, o presidente é popular.

O exemplo (142) admite as seguintes leituras:

(a) O presidente do Brasil é popular na Bolívia.
(b) O presidente da Bolívia é popular.

A primeira leitura reflete o acesso do referente *o presidente* no espaço BASE, e posterior projeção desse referente para o espaço M (introduzido pelo SP *na Bolívia*). É o que mostra o diagrama:

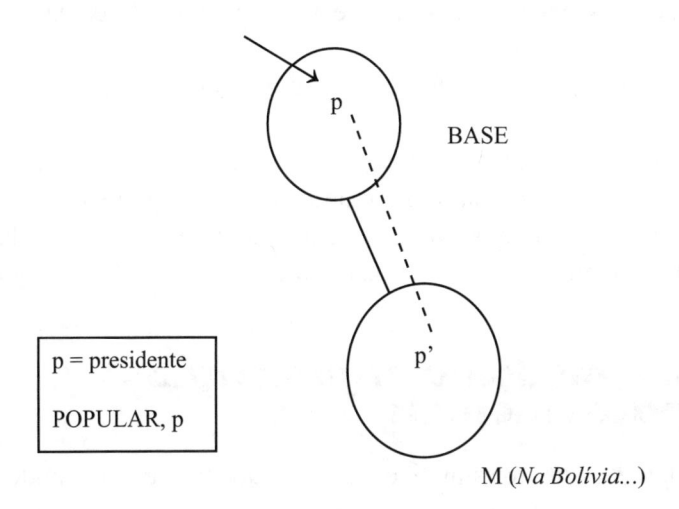

Figura 26 – Leitura (a) da sentença (142).

Na Figura 26, o referente *p* se estabelece primeiro na BASE, de onde se projeta para M (*p'*). Entre *p* e *p'*, há uma correspondência de identidade que permite a leitura de que o presidente do Brasil é popular na Bolívia.

A segunda leitura possível é aquela em que se acessa o referente diretamente em M. Vejamos:

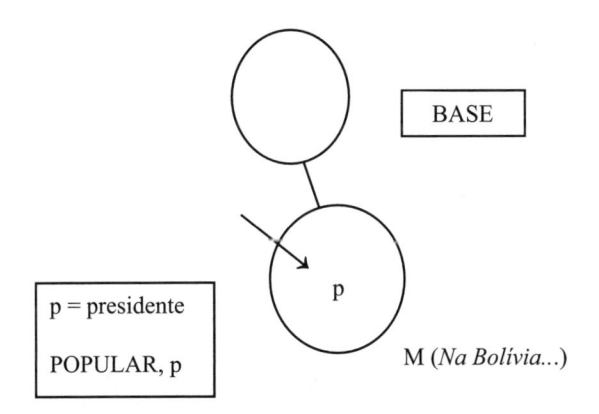

Figura 27 – Leitura (b) da sentença (142).

Na configuração anterior, a referência se estabelece em M. Nesse espaço, a expressão *presidente* só pode se referir ao presidente boliviano. Assim, entende-se que o presidente da Bolívia é popular.

Observemos, agora, outro caso de ambiguidade referencial:

(143) O ministro da economia tinha cinquenta anos em 1997.

Em sua leitura mais natural, a sentença significa que o indivíduo atualmente ministro da economia tinha cinquenta anos em 1997. Há, entretanto, outra leitura plausível para a mesma sentença: a de que o indivíduo que era ministro da economia em 1997 tinha cinquenta anos de idade naquela época.

Tempo e modo na organização de espaços mentais

Em alguns contextos sintáticos, a alocação da referência pode ser sinalizada por tempo e modo verbais. Observemos os seguintes exemplos:

(144) Pedro quer casar com uma mulher que é italiana.
(145) Pedro quer casar com uma mulher que **seja** italiana.

O uso do presente do indicativo do verbo *ser*, em (144), indica que o referente "uma mulher" deve ser acessado no espaço BASE (B) – Pedro tem uma mulher específica em mente. Vejamos:

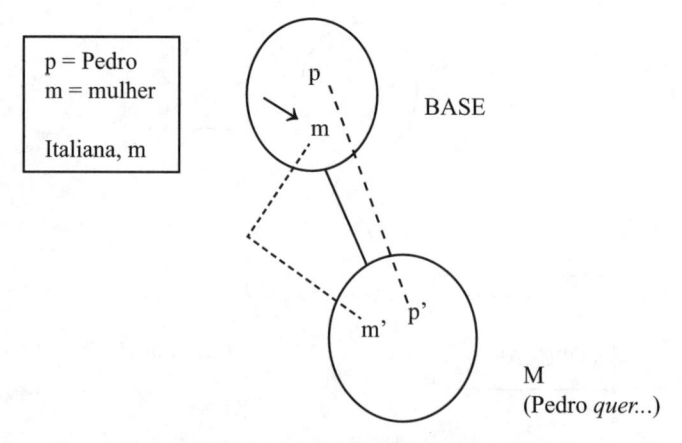

Figura 28 – Representação da sentença (144).

Por outro lado, a escolha do presente do subjuntivo do mesmo verbo, em (145), sinaliza que o referente deve ser acessado no espaço M (introduzido pelo verbo *querer*):

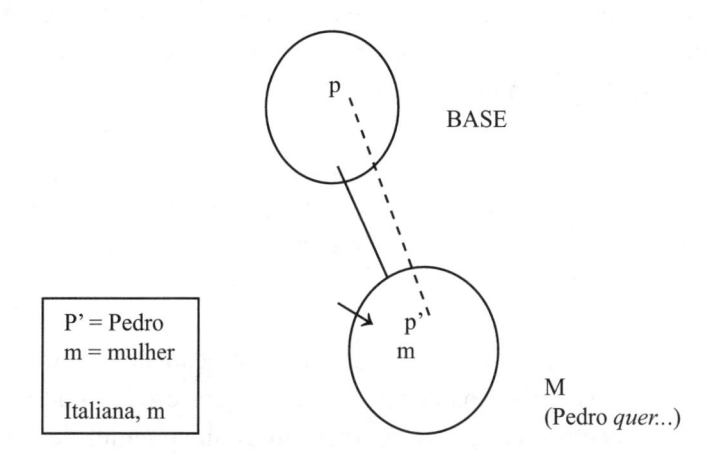

Figura 29 – Representação da sentença (145).

Nesse caso, a interpretação de (145) é genérica: Pedro pretende escolher sua esposa entre mulheres italianas de um modo geral.

Tempo-modo e primitivos discursivos

Em importante investigação sobre o papel de tempo e modos verbais na construção e estruturação de espaços mentais, Cutrer (1994) propõe quatro primitivos discursivos: BASE, FOCO, EVENTO e PONTO DE VISTA. Esses primitivos funcionam como princípios de organização discursiva, operando em conjuntos de espaços e restringindo os tipos de configuração possíveis. Vejamos:

FOCO (F) – é o espaço no qual o significado está sendo construído. É o espaço corrente, mais ativo; espaço ao qual a sentença se refere. O FOCO pode ser identificado por uma variedade de pistas gramaticais, como tempo e modos verbais; advérbios do tipo *hoje*, *ontem* etc.; expressões temporais, como *era uma vez*.

EVENTO (E) – é o espaço temporal no qual o evento codificado no verbo ocorre. É o espaço em que a estrutura plena do verbo é construída.

BASE (B) – o espaço inicial, a origem de qualquer organização hierárquica de espaços. A BASE representa o *frame* temporal que contém o ponto de partida da conceptualização, no qual eventos ou estados são concebidos, avaliados, mensurados e/ou construídos. Assim, a BASE serve como centro de referência para o cálculo das relações dêiticas e, no que se refere à temporalidade, é sempre PRESENTE.

PONTO DE VISTA (PV) – é o centro da conceptualizaçao e consciência do SELF (em geral, o falante) a quem a sentença é atribuída. Resulta da nossa capacidade cognitiva básica de "enxergar" as coisas mentalmente sob diferentes ângulos.

A cada momento do processo de interpretação do discurso, há um espaço que é a BASE, um espaço que é o FOCO, um espaço que é PV e um espaço que é EVENTO. Isso pode ocorrer simultaneamente, de forma que todos esses primitivos compartilhem o mesmo espaço, ou pode haver uma distribuição pelo conjunto de espaços hierarquicamente relacionados. FOCO e BASE podem estar juntos ou separados. O espaço EVENTO pode ser FOCO, ou o FOCO pode estar em outro espaço. O PV pode ser BASE ou FOCO, ou, ainda, ocorrer separadamente.

A distribuição de BASE, FOCO, EVENTO e PV pela configuração de espaços é dinâmica, submetendo-se a restrições variadas: informação gramatical, como tempo-aspecto-modo; informação lexical; informação pragmática e contextual.

Na configuração mais simples, BASE, FOCO, EVENTO e PV pertencem ao mesmo espaço:

(146) Hoje está frio.
(147) Marcos é solteiro.
(148) Alice está tocando piano.

A distribuição de primitivos discursivos promovida pelas sentenças anteriores pode ser assim representada:

Espaço B
BASE
FOCO
PV
EVENTO

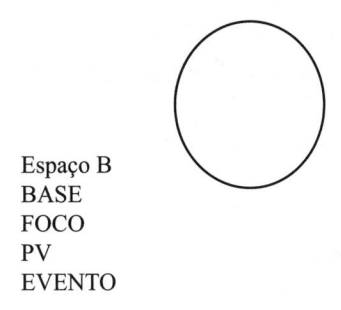

Figura 30 – Concomitância de primitivos discursivos.

Outra configuração possível é aquela em que FOCO e EVENTO compartilham o mesmo espaço e se separam de BASE e PV. É o que acontece no exemplo:

(149) Margareth tomou todo o sorvete.

A representação da sentença (149) é a seguinte:

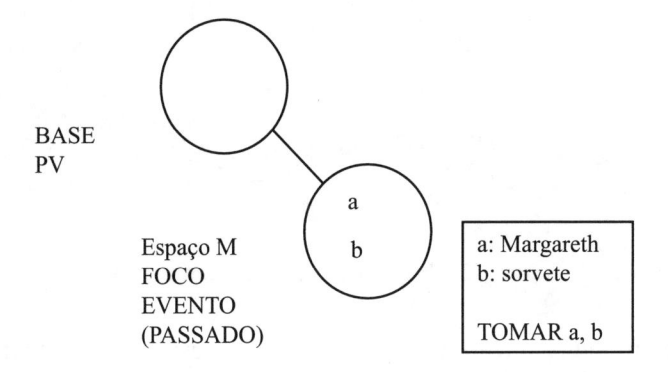

BASE
PV

Espaço M
FOCO
EVENTO
(PASSADO)

a
b

a: Margareth
b: sorvete

TOMAR a, b

Figura 31 – Representação da sentença (149).

A Figura 31 representa a instrução dada pelo pretérito perfeito para a construção de um espaço PASSADO, tomando a BASE como PV. O espaço PASSADO é colocado em FOCO.

Com uma pequena alteração no tempo verbal, entretanto, PONTO DE VISTA e FOCO podem mudar de espaço. Observemos a sentença:

(150) Margareth tomaria todo o sorvete.

Em (150), o futuro do pretérito indica a construção de um espaço FUTURO, que recebe o FOCO. Entretanto, o PONTO DE VISTA muda da BASE para o espaço PASSADO. É o que ilustra a Figura 24:

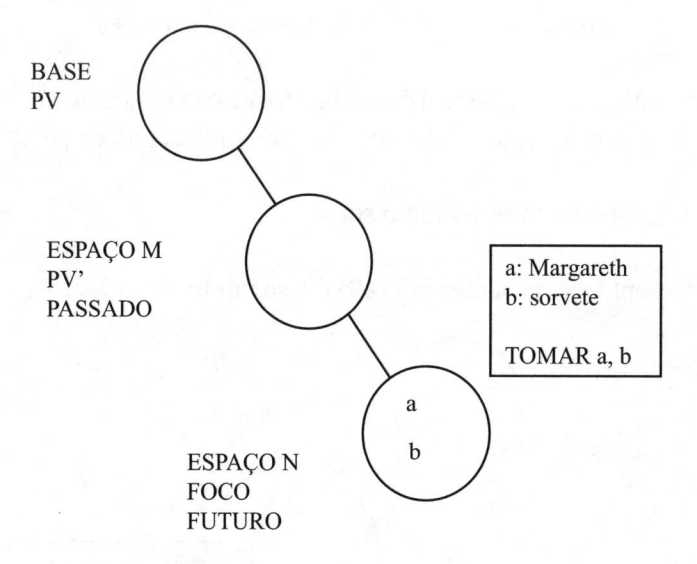

Figura 32 – Representação da sentença (150).

Além da configuração de espaços mentais resultante da distribuição de primitivos discursivos e consequente estabelecimento de correspondência entre entidades que fazem parte desses espaços, os processos de construção do significado podem envolver integração conceptual ou mesclagem. Na próxima seção, tais processos serão detalhados.

Mesclagem conceptual

A mesclagem conceptual (*Blending*) é uma operação mental que pode ser considerada a origem da nossa aptidão para inventar novos sentidos. Consiste em uma operação através da qual se estabelece projeção parcial entre dois espaços iniciais (*Input* 1 e *Input* 2), que permite uma correspondência entre elementos análogos. Essa correspondência, por sua vez, é licenciada pelo *Espaço Genérico*, representante da estrutura abstrata que os espaços iniciais têm em comum. Por fim, há um quarto espaço, nomeado mescla (*Blend*), que reúne elementos projetados dos *inputs*, estabelecendo uma estrutura emergente própria não existente nos espaços iniciais. Passo a passo, o processo constitui-se da seguinte forma:

1. ***projeção interdomínios***: projeção parcial entre elementos correspondentes (*contrapartes*) dos *Inputs* 1 e 2.
2. ***esquema genérico***: reflete a estrutura e a organização abstrata em comum entre os *inputs*, ou seja, a estrutura compartilhada por esses domínios.
3. ***mescla***: os *inputs* são parcialmente projetados nesse quarto espaço. Podem ser projetados elementos que eram contrapartes ou não; entidades dos *inputs* podem ser fundidos em um só elemento na mescla, ou ser projetados separadamente.
4. ***estrutura emergente***: a mescla tem estrutura emergente própria, inexistente nos *inputs*. A estrutura emergente pode ser construída de três maneiras:
   a) por *composição* – os elementos projetados dos *inputs* compõem o espaço-mescla, e as relações que ficam disponíveis não necessariamente existiam nos domínios anteriores à mescla.
   b) por *completamento* – a nova composição de elementos no espaço-mescla pode evocar conhecimento compartilhado de *frames* e modelos cognitivos e culturais ainda não ativados nos *inputs*.
   c) por *elaboração* – em função da nova lógica instaurada, é possível haver novas etapas de trabalho cognitivo dentro da mescla.

A Figura 33 é uma representação genérica do processo de mesclagem conceptual:

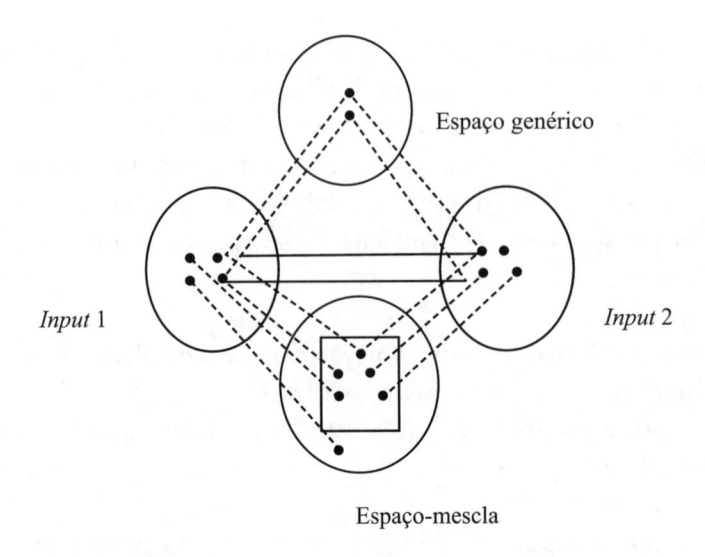

Figura 33 – Processo de mesclagem conceptual.

Conforme a ilustração, a mesclagem resulta de dois espaços iniciais – *Inputs* 1 e 2 –, que estabelecem correspondências entre alguns de seus elementos em função de características abstratas compartilhadas (Espaço Genérico). O espaço-mescla, por sua vez, pode ser formado por contrapartes desses elementos e, ainda, por elementos do *Input* 1 que não estabelecem contrapartes no *Input* 2 (ou vice-versa). Além disso, nem todos os elementos dos *inputs* precisam ser projetados na mescla.

Para ilustrar o processo de mesclagem, retomemos a discussão de Fauconnier (1997) sobre a noção de *vírus de computador*. Nesse caso, o *Input* 1 corresponde ao domínio da saúde e inclui elementos como sistemas biológicos, organismos como vírus, doenças provocadas por esses vírus etc. O *Input* 2 corresponde ao domínio da informática, cujos elementos integrantes são computadores, programas nocivos, problemas causados por esses programas etc. A analogia entre os *Inputs* 1 e 2 é sustentada pelo Espaço Genérico que inclui abstratamente as noções de *sistema*, *ameaça* e *dano*. Vejamos:

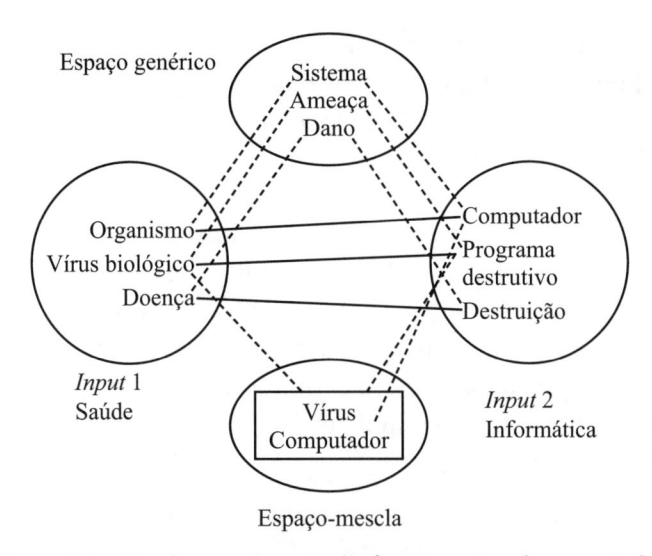

Figura 34 – Mesclagem conceptual referente a *vírus de computador*.

Na mescla, as contrapartes "vírus biológico" e "programa destrutivo" são projetadas e fundidas em uma terceira noção que incorpora as duas primeiras e vai além delas. No domínio criado, o termo "vírus" recobre uma categoria que contém tanto organismos biológicos quanto programas destrutivos. Esses elementos são agora concebidos como a "mesma coisa", e não apenas como contrapartes analógicas ou instâncias específicas de um esquema abstrato.

Na mescla, portanto, há a categoria "vírus", que inclui as subcategorias "vírus biológico" e "vírus de computador". Os membros da nova categoria, porém, não se restringem aos membros projetados dos *inputs* iniciais (saúde e computador), já que a mescla abre a possibilidade de busca de membros em outros domínios. Por exemplo, "vírus social" ou "vírus mental" (ideias destrutivas que se propagam, mudam e replicam).

As construções XYZ

A teoria da mesclagem pode ser aplicada a construções sintáticas específicas. De acordo com Turner (1991), a construção XYZ é especializada em ativar integração conceptual. Observemos alguns exemplos em português:

(151) O dinheiro é a raiz de todo o mal.
(152) A política é a arte do possível.

(153) A religião é o ópio do povo.
(154) A linguagem é o espelho da mente.
(155) A necessidade é a mãe da invenção.
(156) Paris é o coração da França.

Como Turner assinala, todos esses exemplos compartilham uma forma já observada por Aristóteles na Poética. A forma consiste de três elementos nominais, que Turner rotula como X, Y e Z. Os elementos Y e Z formam construção possessiva, conectada pela preposição "de" (exs. raiz de todo o mal, arte do possível, ópio do povo etc.). O propósito da construção é estabelecer uma perspectiva particular a partir da qual X deve ser visto.

Retomemos a sentença (156):

(156)
[Paris] é [o coração] da [França]
 [X]   [Y]   [Z]

A cidade de Paris é apresentada como o coração do país França, promovendo uma série de inferências positivas em relação ao seu valor como cidade. Além dos elementos X, Y e Z, há um quarto elemento, denominado W, que não está presente na construção, porém é um componente necessário para a interpretação. Essa ideia é representada da seguinte forma:

(157)
(a) Paris ↔ França
     X   Z
(b) coração ↔ corpo humano
     Y   (W)

A representação indica que Paris está para a França assim como o coração está para o corpo humano. A integração desses elementos para o estabelecimento da interpretação final é representado pela seguinte rede:

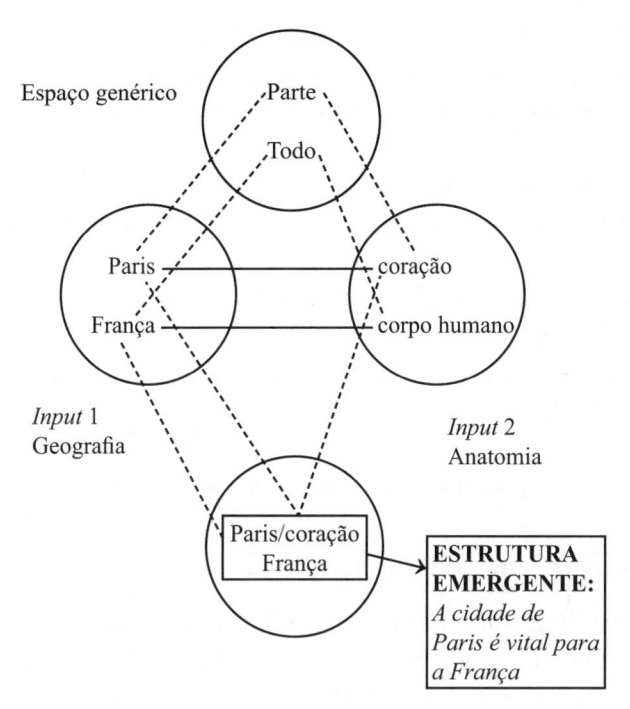

Figura 35 – Mesclagem conceptual referente ao exemplo (156).

Na Figura 35, observa-se a correspondência analógica entre elementos pertencentes aos espaços geográfico e anatômico. No espaço-mescla, há uma integração conceptual entre Paris e coração. Surge, então, a estrutura emergente, permitindo a inferência de que Paris é uma cidade vital para a França.

Mesclagem e metáfora

Se, a princípio, a Teoria da Mesclagem chegou a ser vislumbrada como abordagem alternativa em relação à Teoria da Metáfora Conceptual, trabalhos mais recentes (Grady, Oakley e Coulson, 1999; Evans e Green, 2006) apontam que as duas propostas podem ser consideradas complementares, e não teorias em competição. É possível compará-las tanto em relação à complementaridade quanto em relação a áreas de não convergência.

Quanto à complementaridade, vale à pena destacar que a Teoria da Mesclagem possibilita o tratamento da estrutura emergente, enquanto a Teoria da Metáfora, por se apoiar em um modelo de apenas dois domínios, não apresenta essa possibilidade. Na metáfora "Aquele cirurgião é um açougueiro", por exemplo, a inferência emergente de que o cirurgião é *incompetente* não pode ser explicada por um modelo bidominial, já que a inferência surge apenas na mescla, motivada pela incongruência entre o objetivo de curar (projetado do domínio da cirurgia) e os métodos utilizados (projetados do domínio do açougue).

Por outro lado, em relação às áreas de não convergência, há duas possibilidades:

(a) casos de construção metafórica do significado que não envolvem mesclagem.
(b) mesclagem conceptual em casos de construção não metafórica do significado.

A seguir, cada uma dessas possibilidades será abordada.

Metáfora sem mesclagem

Conforme apontado por Grady (1997), há um importante subgrupo de metáforas altamente convencionais que podem ser denominadas metáforas primárias. Nestas, há conceitos primários tanto no domínio-fonte quanto no domínio-alvo, e a distinção-chave entre esses dois domínios é que os conceitos primários da fonte são relacionados à experiência sensório-perceptual, enquanto os conceitos primários do domínio-alvo são respostas subjetivas à experiência sensório-perceptual.

Costuma haver correlação experiencial entre os seguintes conceitos básicos, nos quais o primeiro indica sensação física e/ou perceptual e o segundo, resposta subjetiva a essa sensação:

(a) FOME e DESEJO
(b) TAMANHO e IMPORTÂNCIA
(c) FORÇA e CAUSA
(d) ELEVAÇÃO VERTICAL e QUANTIDADE

Tais correlações fornecem as bases para expressões metafóricas tais como:

(158) Temos fome de vitória. (=desejo de vitória)
(159) Este é um grande homem. (=homem importante)
(160) A ambição o levou à falência. (=causou a falência)
(161) O preço das ações subiu. (=aumento quantitativo)

Nos casos acima, as metáforas primárias são estabelecidas com base em correlações experienciais altamente salientes, que dão origem a correlações pré-conceptuais. Entretanto, essas metáforas não decorrem de operações de projeção entre domínios a partir de um Espaço Genérico e, portanto, não podem ser caracterizadas como casos de mesclagem conceptual.

Mesclagem sem metáfora

Para ilustrar a ocorrência de mesclagem conceptual em casos que não envolvem metáfora, consideremos um tipo de construção XYZ que ativa uma rede de integração papel-valor. Vejamos:

(162) Pedro é pai de Lia.

A construção propicia que as relações entre papel e valor (pai → Pedro, filha → Lia) sejam comprimidas na mescla:

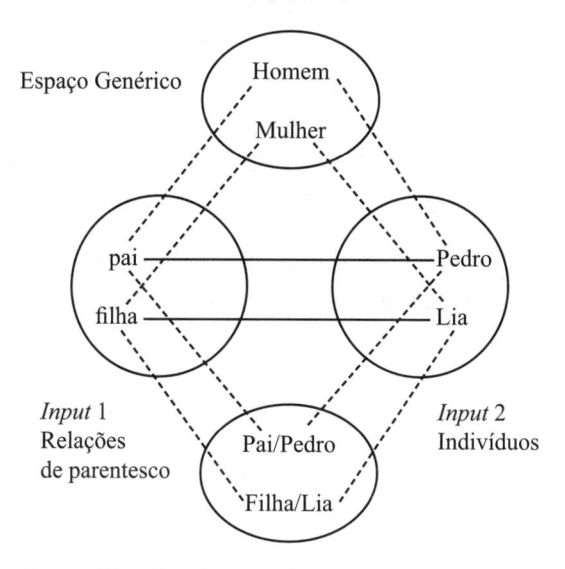

Figura 36 – Mesclagem referente ao exemplo (162).

O diagrama demonstra que o processo de construção do sentido ativado por uma construção XYZ, embora sempre envolva mesclagem conceptual, não precisa ser necessariamente metafórico. O que se verifica é uma compressão da conexão papel-valor em elementos únicos na mescla.

Embora a Teoria da Mesclagem se ocupe da estrutura linguística e do papel da linguagem na construção do significado, o processo de mesclagem conceptual tem sido apontado como operação cognitiva fundamental, com indiscutível centralidade nas operações gerais de pensamento e imaginação humanas. Pesquisas recentes sugerem que a mesclagem pode ser essencial para uma vasta gama de comportamentos humanos não linguísticos, entre os quais se incluem o folclore e os diferentes tipos de rituais, dentre outros.

Exercícios

I. Represente diagramaticamente as duas leituras possíveis para a sentença (143), mencionada na seção "Referências anafóricas e ambiguidades referenciais" deste capítulo.

II. Represente diagramaticamente a mesclagem nas construções XYZ listadas nos exemplos (151) a (155), da seção "As construções XYZ". Indique a estrutura emergente para cada uma delas.

III. Os exemplos (144) e (145) foram discutidos no presente capítulo para ilustrar o papel do modo verbal na indicação do espaço no qual a referência se estabelece. Com base nessa discussão, explique por que a sentença análoga em inglês *"Peter wants to marry a woman who is italian"* é ambígua (faça diagramas para demonstrar a ambiguidade).

IV. Explique por que a sentença a seguir pode ser facilmente interpretada (analise em sua resposta a relação entre os nomes próprios "Toni Ramos" e "Gemma"):

"Na novela, Toni Ramos é italiano e tem uma irmã chamada Gemma".

V. Analise as sentenças e determine a classificação adequada para cada uma: (a) apenas metáfora; (b) apenas mesclagem; (c) metáfora e mesclagem.

(1) A vaidade é a areia movediça da razão.
(2) Eduardo é patrão de Isabela.
(3) Aquela empresa abocanhou o mercado com voracidade.
(4) Ele é o motorista da primeira-dama.
(5) A nanotecnologia é uma megaconquista para a humanidade.
(6) O ministro abriu toda a verdade para o presidente.

Gramática de construções

A Linguística Cognitiva assume que léxico e sintaxe não constituem módulos rigidamente separados, mas formam um *continuum* de construções, partindo de elementos muito específicos, como o item lexical *janela* ou a expressão idiomática *esquentar a cabeça*, até padrões mais abstratos, como a categoria *adjetivo* ou a *Construção Transitiva*.

A continuidade léxico-sintaxe está ancorada na hipótese de pareamento entre forma e significado nos níveis lexical, morfológico e sintático. Esse pareamento pode ocorrer de acordo com padrões gerais (ou esquemas), que captam as características compartilhadas por várias instanciações específicas. Por exemplo, as sentenças "Ela dançou samba" e "Ele perdeu a cabeça" são ambas instanciações da construção transitiva [SN1 V SN2]; os sintagmas nominais SN1 e SN2 constituem argumentos do verbo e exercem, respectivamente, as funções de sujeito e objeto direto. Trata-se, portanto, de uma visão não derivacional, que explica a regularidade da gramática com base em esquemas abstratos gerais, e não em regras algorítmicas de manipulação de símbolos, como fazem os modelos gerativos.

Neste capítulo, serão retomadas as principais propostas relativas a construções gramaticais, no âmbito da vertente denominada **Gramática de Construções**.

Construções gramaticais

O paradigma denominado Gramática de Construções propõe que as expressões linguísticas, desde as mais simples até as mais complexas, constituem unidades simbólicas baseadas em correspondências entre forma e significado.

O modelo proposto por Fillmore e colaboradores (1988) e, posteriormente, por Kay e Fillmore (1999), partiu da avaliação de que a abordagem da gramática baseada em "palavras e regras" não consegue dar conta de um subconjunto significativo da linguagem, que envolve irregularidades. Assim, esses pesquisadores objetivaram explicar primeiro as construções irregulares, supondo que uma vez desenvolvidos os princípios explicativos dessas irregularidades, esses mesmos princípios seriam capazes de explicar os fenômenos regulares.

Esse modelo, centrado na noção de construção, retoma a tese saussureana de que o signo linguístico reflete uma relação estreita entre significante e significado, estendendo-a para construções complexas.

O significado das construções gramaticais passou, desse modo, a ser visto como independente, em parte, das palavras que as constituem. Adota-se um compromisso de generalização que prevê um conjunto de princípios comuns para explicar todas as unidades presentes na composição de uma língua, incluindo som, significado, léxico e gramática.

Tipologia de expressões idiomáticas

Em trabalho que inaugura esse paradigma teórico, Fillmore, Kay e O'Connor (1988) defendem que construções gramaticais complexas (sintagmas ou sentenças) têm as mesmas propriedades semânticas e pragmáticas que os itens lexicais, estabelecendo uma tipologia de expressões idiomáticas.

A partir da observação de que as línguas apresentam expressões não composicionais aprendidas pelos falantes como um bloco único, Fillmore e colaboradores desenvolveram uma tipologia de expressões idiomáticas, destacando os seguintes parâmetros:

(i) codificação/decodificação

As expressões idiomáticas de **codificação** são perfeitamente regulares, mas convencionalizadas. No Rio de Janeiro, a expressão *carteira de motorista* é o jeito convencional de nomear um documento que pode também ser chamado de *carta de motorista* e *carteira/carta de habilitação*. A primeira constitui variação regional; as duas últimas são variações associadas ao registro formal/institucional. Há, ainda, a expressão *carta de condução*, normalmente usada em Portugal.

O que todos esses termos têm em comum é o fato de constituírem expressões idiomáticas de *codificação*, em que a obediência aos padrões regulares da língua permite aos falantes estabelecer facilmente a decodificação.

Já as expressões idiomáticas de **decodificação**, como *bater as botas*, precisam ser aprendidas como itens lexicais, já que o significado não pode ser alcançado composicionalmente (mesmo que o ouvinte conheça o significado das palavras que compõem a expressão, não entenderá o significado da mesma na primeira vez que a ouvir).

(ii) gramaticais/extragramaticais

As expressões idiomáticas **gramaticais** obedecem às regras da gramática de uma língua. A expressão *cortar um dobrado* apresenta uma estrutura gramatical produtiva em português, em que o verbo é seguido por um complemento direto. Por outro lado, expressões idiomáticas **extragramaticais** são aquelas que não obedecem às regras usuais da gramática. A expressão "de mais a mais", por exemplo, é bastante idiossincrática, não reflete uma regra sintática geral da língua.

(iii) substantivas/formais

As expressões idiomáticas substantivas são aquelas que preveem o preenchimento de todas as posições previstas na estrutura sintática com itens lexicais específicos (por exemplo, *entornar o caldo)*. No caso das expressões idiomáticas formais, há uma moldura sintática genérica que pode ser preenchida por diferentes itens lexicais. Observemos as *construções "quanto mais"* em português:[1]

(163) O aluno não entende matemática, quanto mais física quântica.
(164) Ele não consegue lavar a louça, quanto mais cozinhar.
(165) O comediante não chega a ser engraçado, quanto mais hilário.

Os exemplos ilustram a produtividade da construção idiomática [X, quanto mais Y], que pode ser preenchida por diferentes itens lexicais.

A organização radial das construções sintáticas

Em estudo seminal sobre as construções dêiticas em inglês com *there*, Lakoff (1987) propõe a existência de uma instância prototípica e de várias subconstruções relacionadas radialmente a esse núcleo. Vejamos:

Construção dêitica[2]

Central:	There's Harry with the red jacket on.
	(*Lá está Harry com sua jaqueta vermelha*).
↓	
Perceptual:	There goes the bell now!
	(*Lá vai a campainha agora!*).
Discursiva:	There's a nice point to bring up in class.
	(*Aí está um bom assunto para abordar em sala de aula*).
Locativo-existencial:	There goes our last hope.
	(*Lá se vai nossa última esperança*).
Início de atividade:	There goes Harry, meditating again.
	(*Lá vai Harry, meditando de novo*).
Entrega:	There's your pizza, ready to go!
	(*Aí está sua pizza, pronta para viagem!*).
Modelo ideal:	Now there... is a great centerfield!
	(*Agora, aí...está um grande meio de campo!*).
Exasperação:	There goes Harry again, making a fool of himself.
	(*Lá vai Harry de novo, fazendo papel de bobo*).
Foco Narrativo:	There I was in the middle of the jungle.
	(*Lá estava eu no meio da floresta*).
Apresentativa:	There on that hill will be built a ping-pong facility.
	(*Lá naquela montanha será construído um espaço de ping-pong*).

Tabela 7 – Organização radial da construção dêitica.

A construção dêitica central reflete o MCI de *apontar*, que, de acordo com Lakoff (1987: 490), se caracteriza pelo seguinte conjunto complexo de condições:

(i) determinada entidade existe e está presente em lugar acessível ao campo visual do falante.
(ii) o falante dirige sua atenção para essa entidade.
(iii) o ouvinte está atento às imediações do evento de fala, mas não está com sua atenção focada na entidade e pode não ter percebido sua presença.

(iv) o falante dirige a atenção do ouvinte para o local específico onde a entidade se encontra.

Essas condições sustentam a construção dêitica central, como no exemplo *"There's Harry with his red jacket on"* (*Lá está Harry com sua jaqueta vermelha*). Entretanto, a partir do MCI de *apontar*, outras construções podem ser derivadas da construção central, com base em mapeamentos metafóricos específicos. Por exemplo, a construção perceptual envolve as metáforas: ESPAÇO PERCEPTUAL NÃO VISUAL É ESPAÇO FÍSICO; PERCEPÇÕES SÃO ENTIDADES; REALIZADO É DISTANTE; PRESTES A SER REALIZADO É PRÓXIMO; ATIVAÇÃO É MOVIMENTO.[3]

Além do detalhamento da estrutura radial da construção dêitica com *there*, Lakoff (1987) propõe ainda que a construção existencial com *there* deriva da construção dêitica central. Na verdade, as construções podem parecer similares:

– THERE'S a new Mercedes across the street. (dêitica)
(*Lá está um Mercedes novo do outro lado da rua.*)
– THERE'S been a man shot. (existencial)
(*Houve/Teve um homem baleado.*)

Apesar da similaridade superficial, Lakoff (1987) argumenta que as construções dêitica e existencial apresentam diferenças importantes, dentre as quais se destacam as seguintes:

– o dêitico *there* refere-se a um local específico, o *there* existencial não.
– o dêitico *there* contrasta com *here* (aqui); enquanto o *there* existencial não estabelece esse tipo de contraste.[4]
– fonologicamente, o dêitico there quase sempre recebe stress; enquanto o there existencial quase nunca o faz.

Observadas essas diferenças, o autor conclui que a construção dêitica indica presença de uma entidade – no espaço, na percepção, no discurso etc., ao passo que a construção existencial indica um espaço mental no qual uma entidade conceptual pode ser localizada.

Construções de estrutura argumental

A proposta de Lakoff inaugurou uma nova vertente de estudos da gramática, baseada na concepção das construções gramaticais como semanticamente estruturadas e organizadas radialmente. Essa vertente foi aprofundada em trabalhos posteriores, como os de Goldberg (1995, 2006), que priorizam a extensão da abordagem construcional das expressões idiomáticas "irregulares" para as construções "regulares". Para isso, Goldberg enfocou as chamadas **construções de estrutura argumental**, que consistem de sentenças ordinárias, compostas por um verbo e seus argumentos.

A análise dessas construções parte de uma distinção entre **papéis argumentais**, associados às construções, e **papéis participantes**, associados aos verbos. Por exemplo, o *frame* ativado pelo verbo *dar* pode associá-lo aos papéis participantes AGENTE, PACIENTE e RECIPIENTE. Em outras palavras, o verbo perfila esses papéis:[5]

(166) O comandante do avião deu um brinde aos passageiros.
        AGENTE   PACIENTE   RECIPIENTE

Como ilustra o exemplo, o verbo *dar* perfila os papéis participantes de AGENTE (iniciador volitivo da ação), PACIENTE (aquele que sofre o efeito da ação ou muda de estado) e RECIPIENTE (aquele que se beneficia da ação).[6]

Os papéis argumentais, por sua vez, são possibilidades previstas pela construção, mas não necessariamente pelo verbo. Assim, na sentença "O auxiliar quebrou todas as nozes para o cozinheiro", o verbo *quebrar* está associado a dois papéis participantes, AGENTE e PACIENTE, mas o RECIPIENTE *para o cozinheiro* não é uma contribuição do verbo, e sim da construção. Essa distinção pode ser representada da seguinte forma:

VERBO	CONSTRUÇÃO SENTENCIAL
↓	↓
PAPEL PARTICIPANTE	PAPEL ARGUMENTAL

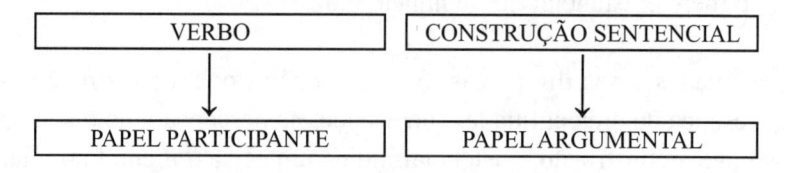

Figura 37 – Papéis participantes e papéis argumentais.

Com base nessa distinção, Goldberg centrou suas análises em um conjunto de construções do inglês, entre as quais se destacam:

(i) CONSTRUÇÃO BITRANSITIVA (X CAUSA Y a RECEBER Z) – também denominada construção de duplo objeto, por ser associada ao *frame sintático* [SUJ [V OBJ OBJ2]], em que ambos os objetos são sintagmas nominais (SNs):[7]

(167) He gave Lily flowers.
"?Ele deu Lily flores."[8]

(ii) CONSTRUÇÃO DE MOVIMENTO CAUSADO (X CAUSA Y a MOVER Z) – apresenta a sintaxe [SUJ [V OBJ OBL]], em que OBL (abreviatura de oblíquo) denota um sintagma preposicional direcional:

(168) He led Lily into the garden.
"Ele levou Lily para o jardim."

(iii) CONSTRUÇÃO RESULTATIVA (X CAUSA Y a FICAR Z) – apresenta a sintaxe [SUJ [V [OBJ SA/SP]], em que SA (sintagma adjetival) e SP (sintagma preposicional) indicam resultados de uma ação:

(169) He wiped the table clean.[9]
"*Ele esfregou a mesa limpa."
(170) Lily cooked the sausages to death.
"Lily cozinhou as salsichas até a morte."

No modelo de Goldberg (1995), uma construção gramatical é definida como um par forma-significado, sendo que não se pode predizer algum aspecto da forma ou do significado a partir das partes componentes da construção ou de outras construções previamente estabelecidas.

As construções são normalmente representadas por matrizes retangulares, como ilustra a seguinte representação da Construção de Movimento Causado:

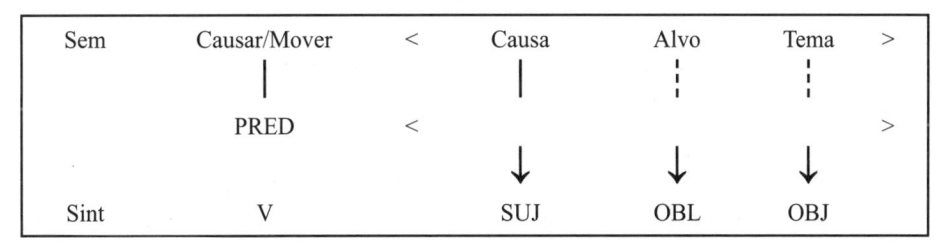

Sem	Causar/Mover	<	Causa	Alvo	Tema	>
	|		|	⋮	⋮	
	PRED	<				>
			↓	↓	↓	
Sint	V		SUJ	OBL	OBJ	

Figura 38 – Construção de Movimento Causado.

Nessa representação, "Sem" representa a estrutura semântica da construção em termos de papéis argumentais, e "Sin." representa a estrutura sintática da construção em termos das funções gramaticais de sujeito e objeto(s). "PRED" representa o potencial de que um verbo seja instanciado na construção. As linhas pontilhadas representam os papéis argumentais que podem ser uma contribuição da construção. Observemos as seguintes instanciações da construção de movimento causado:

(171) O jogador mandou a bola para o gol.
(172) O jogador chutou a bola para o gol.
(173) O jogador cabeceou a bola para o gol.

Em (171), o verbo *mandar* apresenta três papéis participantes (aquele que manda, o que é mandado e o lugar que é destino da ação). Esses papéis participantes são compatíveis com os papéis argumentais da construção (agente, paciente e alvo) e, por isso, se fundem perfeitamente com eles. Já no exemplo (172), o verbo *chutar* requer apenas dois papéis participantes, de modo que o papel argumental *alvo* é uma contribuição da construção; por fim, em (173), o verbo *cabecear* exige apenas um papel participante (aquele que cabeceia). Sendo assim, nesse caso há duas contribuições da construção de movimento causado: o tema e o alvo.

Uma das principais vantagens desse modelo na análise de construções de estrutura argumental é a possibilidade de descartar o estabelecimento de vários sentidos distintos para um mesmo verbo, como fazem as abordagens lexicalistas de base gerativa (Pinker, 1989). De acordo com Goldberg, a proliferação de sentidos verbais é indesejável, porque acaba por atribuir ao verbo sentidos implausíveis. Consideremos os seguintes exemplos:

(174) O urso panda espirrou.
(175) A baleia espirrou água para dentro do barco.

O verbo *espirrar* é um verbo prototipicamente intransitivo, apresentando normalmente um único papel participante (em (174), o sujeito "o urso panda"). Seu sentido básico é "lançar o ar fora, repentina e involuntariamente, pela boca e pelo nariz". Entretanto, o verbo *espirrar* pode ocorrer em construções como (175), com uma semântica ligeiramente diferente, que poderia ser descrita como [X (a baleia) causar Y (a água) a mover Z (para cima do barco), por meio do espirro].[10] O problema é que se essa semântica fosse característica do próprio verbo, deveríamos esperar encontrar uma ou várias línguas com um item lexical especializado para esse sentido, e não é esse o caso. Do ponto de vista de Goldberg, o sentido global resulta da associação entre o significado da construção de movimento causado e o significado dos itens lexicais que compõem a construção.

Outra vantagem do modelo construcional é a economia semântica. Em uma abordagem baseada no léxico, por exemplo, o verbo *jogar* teria pelo menos quatro entradas lexicais ou sentidos diferentes. Vejamos:

(176) O menino jogou a bola.
(177) O atleta jogou a bola no cesto.
(178) O apresentador jogou brindes para a plateia.
(179) Só gosta de cassino quem joga.

Na perspectiva da Gramática de Construções, não é necessário estabelecer uma proliferação de sentidos verbais para explicar a diferença entre as construções (176) a (179). Postula-se que o verbo mantém o mesmo sentido em todas as construções, e a diferença de significado resulta de semânticas construcionais distintas, que podem ser representadas das seguintes formas, respectivamente:

(176') X AGIR Y (construção transitiva)
(177') X CAUSAR Y a MOVER Z (construção de movimento causado)
(178') X CAUSAR Y a RECEBER Z (construção dativa)
(179') X AGIR (construção intransitiva)

Desse modo, a Gramática de Construções coloca o foco da explicação na construção sintática em si, e não apenas no verbo. Dentro dessa perspectiva, as construções têm significado próprio, convencional e esquemático, independentemente dos verbos e outros itens lexicais que as compõem. Assim, assume-se que as palavras contribuem para o significado das sentenças, mas não são responsáveis por *todo* o significado. Este também é ativado por unidades simbólicas de nível sentencial, semelhantes às expressões idiomáticas formais mencionadas anteriormente, que podem ser preenchidas lexicalmente de modos variados.

Redes construcionais

As construções gramaticais estão normalmente relacionadas entre si, integrando redes construcionais. Goldberg (1995: 67) propõe os seguintes princípios psicológicos relevantes para a organização linguística dessas redes:

I. Princípio da Motivação Maximizada – "Se duas construções são sintaticamente relacionadas, tais construções podem ser motivadas semântica ou pragmaticamente."
II. Princípio da Não Sinonímia – "Se duas construções são sintaticamente distintas, tais construções devem ser também distintas semântica ou pragmaticamente."

Em função do Princípio da Motivação Maximizada, as redes construcionais podem apresentar diferentes tipos de laços de herança entre construções sintáticas. Dentre as relações de herança detalhadamente descritas por Goldberg (1995), destacam-se os **laços polissêmicos**. A construção de movimento causado, por exemplo, pode apresentar os seguintes sentidos:

(180)
    (a) X CAUSA Y a MOVER Z (sentido central)
        [X Ela] levou [Y o carro] [Z para a oficina].
    (b) CONDIÇÕES DE SATISFAÇÃO ACARRETAM X CAUSAR Y a MOVER Z
        [X Ele] mandou [Y sua ajudante] [Z ao supermercado].
    (c) X AUTORIZA Y a MOVER Z
        [X O chefe] admitiu [Y um funcionário] [Z na equipe].
    (d) X PREVINE Y de MOVER Z
        [X A garota] trancou [Y o amigo] [Z na cozinha].
    (e) X HELPS Y to MOVE Z
        [X O rapaz] guiou [Y os estrangeiros] [Z ao ponto turístico].

Os sentidos (180)b-e estabelecem laços de herança polissêmica, a partir do sentido central (180)a, que indica prototipicamente movimento causado. Nos casos de herança, todos os exemplos apresentam diferenças relacionadas ao fato de que o movimento pode ser real ou pretendido, permitido ou proibido, e assim por diante.

Outro tipo de relação de herança envolve **laços metafóricos** entre construções distintas. Ao analisar as construções de movimento causado e as construções dativas em inglês, Goldberg propõe que essas últimas derivam das primeiras a partir de um laço de herança metafórico, com base no Princípio da Motivação Maximizada.

Observemos os exemplos a seguir, que apresentam a mesma estrutura sintática [SUJ [V OBJ OBL]], mas diferem semanticamente. Vejamos:

(181) He pushed the piano into the room. (movimento causado)
"Ele empurrou o piano para a sala."

(182) He gave the book to Sarah. (dativa[11])
"Ele deu o livro para Sarah."

O exemplo (181) ilustra a construção de movimento causado, e o exemplo (182) é uma instanciação da construção dativa. Goldberg (1995) defende que a construção dativa, associada à transferência de posse, herda estrutura sintática da construção de movimento causado, que indica transferência física. Considera-se que isso é possível porque a semântica da construção dativa pode ser derivada da semântica da construção de movimento causado por metáfora. É o que representa o esquema seguinte:

Sem	Causar/Mover PRED	<	Causa	Alvo	Tema	>
Sint	V		SUJ	OBL	OBJ	

(ex. *Ele empurrou o piano para a sala*)

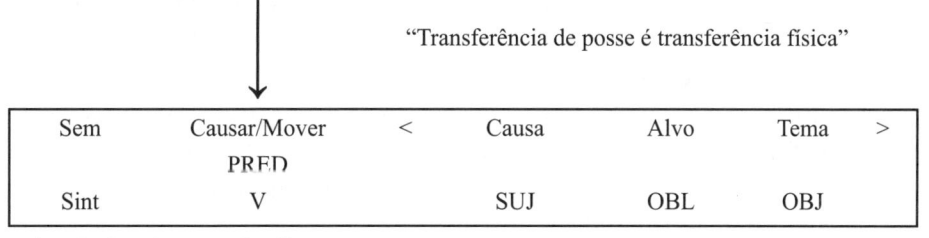

"Transferência de posse é transferência física"

Sem	Causar/Mover PRED	<	Causa	Alvo	Tema	>
Sint	V		SUJ	OBL	OBJ	

(ex. *Ele deu o livro para Sarah*)

Figura 39 – Laço de herança metafórico entre as construções de movimento causado e ativa.

A representação anterior indica que a construção dativa herda a estrutura [SUJ V OBJ OBL] da construção de movimento causado, por força do laço de herança metafórico que permite a conceptualização de transferência de posse como transferência física.

Outro tipo de laço de herança metafórico entre construções é exemplificado com base na relação entre a Construção de Movimento Causado e a Construção Resultativa, que indica uma mudança de estado. Vejamos:

Sem	Causar/Mover PRED	<	Causa	Alvo	Tema >
Sint	V		SUJ	OBL	OBJ

(ex. *Ele empurrou o piano para a sala*)

"Mudança de Estado é Mudança de Local"

Sem	Causar/Tornar PRED	<	Causa	Resultado-Alvo	Paciente >
Sint	V		SUJ	OBL SA/SP	OBJ

(ex. *Ele esfregou a mesa até brilhar*)

Figura 40 – Laço metafórico entre as construções de movimento causado e resultativa.

Como a Figura 40 ilustra, o laço metafórico "Mudança de Estado é Mudança de Local" explica a relação semântica entre as duas construções e, portanto, a relação de herança sintática estabelecida entre ambas.

Ainda no âmbito das relações entre construções aparentemente independentes, pode-se destacar um caso não abordado especificamente por Goldberg, mas plenamente explicável com base em seu modelo teórico: a relação de herança entre a construção dativa e a construção de discurso reportado, mediada pela metáfora do conduto. Como vimos anteriormente (seção "Metáfora do conduto"), a metáfora do conduto permite a conceptualização da comunicação verbal como transferência física. Vejamos:

Comunicação verbal	Transferência física de objetos
ideias/palavras	→ objetos
emissão de palavras	→ transferência de objetos
interpretação de palavras	→ recebimento de objetos

Em termos sintáticos, tem-se a seguinte relação de herança entre as construções:

Sem	Causar/Mover PRED	<	Causa	Alvo	Tema >
Sint	V		SUJ	OBL	OBJ

(ex. *Ele deu o livro para Diana*)

"Comunicação verbal é transferência física"

Sem	Causar/Mover PRED	<	Causa	Alvo	Tema >
Sint	V		SUJ	OBL	OBJ

(ex. *Ele disse a verdade para Diana*)

Figura 41 – Laço de herança metafórico entre a construção dativa e a construção de discurso reportado.

Ao tratar a comunicação verbal metaforicamente como transferência física, a metáfora do conduto autoriza a geração da construção de discurso reportado a partir da construção dativa.

Relações pragmáticas

Conforme estudado, as construções bitransitivas [SUJ V OBJ OBJ1] são bastante produtivas em inglês, e, embora apresentem semântica semelhante às construções dativas, são sintaticamente distintas dessas últimas por admitirem dois objetos diretos. Com base no exposto nas seções anteriores, a pergunta que se coloca é a seguinte: qual a relação entre as construções bitransitiva e dativa? É possível estabelecer algum tipo de laço de herança entre elas?

Análises de cunho gerativo responderam afirmativamente a essa pergunta, propondo a existência de uma regra da gramática para explicar a construção bitransitiva como transformação sintática de sua paráfrase preposicional. Vejamos os exemplos:

(183) I sent him a package. (bitransitiva)
"?Eu enviei ele um pacote."[12]
(184) I sent a package to him. (dativa)
"Eu enviei um pacote para ele."

Em função do Princípio de Não Sinonímia, não se pode derivar a construção bitransitiva da construção dativa, já que suas sintaxes são distintas. As duas construções existem independentemente na gramática, relacionando-se pragmaticamente, sem que nenhuma operação de transformação sintática tenha gerado uma a partir da outra.

Em termos pragmáticos, Goldberg (1995) propõe que a construção bitransitiva descreve a cena transferencial, tomando o recipiente (ex. *ele*) como tópico e o tema (ex. *o pacote*) como foco,[13] enquanto a construção dativa descreve a mesma cena, estabelecendo o inverso. É o que ilustram os exemplos a seguir:

(185) What did you send to John? I sent him *a package.*
"O que você enviou ao João? Eu enviei ele *um pacote.*"

A construção preposicional, por outro lado, muda a perspectiva, assumindo o tema como tópico e marcando o recipiente como foco:

(186) Who did you give the package to? I gave it *to John.*
"A quem você deu o pacote? Eu dei o pacote *para João.*"

A relação pragmática entre as construções dativa e bitransitiva pode ser assim representada:

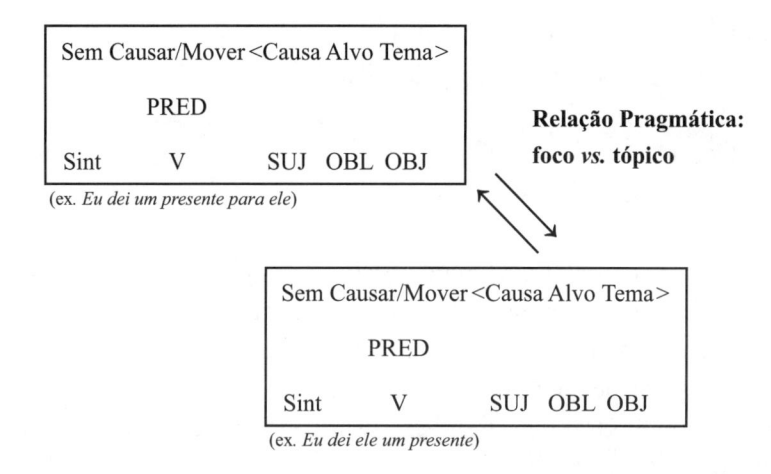

```
┌─────────────────────────────────────────┐
│ Sem Causar/Mover <Causa Alvo Tema>      │
│                                         │         Relação Pragmática:
│            PRED                         │
│                                         │         foco vs. tópico
│  Sint    V        SUJ OBL OBJ           │
└─────────────────────────────────────────┘
    (ex. Eu dei um presente para ele)           ⇕

┌─────────────────────────────────────────┐
│ Sem Causar/Mover <Causa Alvo Tema>      │
│                                         │
│            PRED                         │
│                                         │
│  Sint    V        SUJ OBL OBJ           │
└─────────────────────────────────────────┘
    (ex. Eu dei ele um presente)
```

Figura 42 – Relação pragmática entre a construção dativa e a construção bitransitiva.

Como as construções anteriores descrevem cenas semelhantes sob perspectivas ligeiramente diferentes, os falantes costumam reconhecer a proximidade pragmática entre ambas.

Exercícios

I. Classifique as seguintes expressões idiomáticas de acordo com a tipologia proposta por Fillmore e colaboradores (1988):
   (a) quebrar a perna
   (b) comer grama
   (c) o quanto antes
   (d) mais leve que uma pluma

II. Analise os seguintes dados do inglês e determine os papéis participantes perfilados pelos verbos ROB e STEAL:

   (a) George robbed Lily (of hope).
       George roubou Lily (de esperança).

   (b) *George robbed hope (from Lily).
       George roubou esperança de Lily.

(c) George stole hope (from Lily).
George roubou esperança (de Lily).

(d) *George stole Lily (of hope).
George roubou Lily (de esperança).

III. A construção dativa (transferência de posse) pode gerar, por laço de herança metafórico, a construção de discurso reportado (transferência verbal), com base na metáfora do conduto. Observe os seguintes exemplos do português brasileiro e explique por que verbos que não são prototipicamente *associados à transferência verbal* podem ocorrer nas construções a seguir:

(a) O delegado <u>abriu</u> o segredo para o policial.
(b) O ator <u>mandou</u> uma resposta desaforada para o jornalista.

IV. Em análise do português, Ferrari (2005) descreve a "construção epistêmica integrada", caracterizada por apresentar o resultado de processos de pensamento/raciocínio. A autora argumenta que essa construção deriva, de acordo com o Princípio de Motivação Maximizada, da construção resultativa [SN V SN SP/SA] (*"Ana cortou a cebola em pedaços/ bem fininha"*).

(a) Levando em conta as informações acima, escolha dentre os exemplos aqueles que podem representar instanciações da construção epistêmica integrada:

(i) O cozinheiro achou que a cebola estava estragada.
(ii) O juiz considerou a defesa de alto nível.
(iii) O candidato julgou a proposta bastante interessante.
(iv) A aluna pensou que a nota havia sido lançada.

(b) Com relação ao exercício anterior, escolha a(s) metáfora(s) que pode(m) atuar no estabelecimento da relação de herança entre as construções resultativa e epistêmica integrada, justificando sua resposta:

(a) Ideias são objetos
(b) Tempo é espaço
(c) Pensamento é ação
(d) Argumento é guerra

V. Analise os exemplos e: (i) identifique o tipo de construção ao qual cada uma deles pertence; (ii) estabeleça se a sentença representa (ou não) uma instância do significado prototípico associado à construção em questão, justificando sua resposta.

(a) O anfitrião desfilou a namorada até a varanda.
(b) A janela provençal deixou a cozinha elegante.
(c) A testemunha deu algumas informações para o investigador.
(d) O aprendiz achou a técnica muito criativa.
(e) A cozinheira assou um bolo para os convidados.

Notas

[1] Os exemplos são adaptações para o português da construção *let alone* do inglês, detalhadamente discutida em Fillmore, Kay e O'Connor (1988).

[2] O termo *dêixis* provém da palavra grega que significa *apontar*, *indicar*, e tem sido usado na literatura pragmática para denominar expressões linguísticas que só podem ser interpretadas com base no contexto, tais como pronomes pessoais (*eu*, *você* etc.), advérbios de lugar (*aqui*, *aí*, *lá* etc.) e advérbios de tempo (*agora*, *ontem*, *hoje* etc.). A construção dêitica estudada por Lakoff recebe essa denominação porque representa uma sentença com estrutura sintática THERE X, em que o dêitico de lugar *there* (*aí/lá*) ocorre sempre em posição inicial.

[3] O detalhamento das metáforas envolvidas nas outras construções listadas no quadro foge ao escopo do presente capítulo. O leitor interessado pode recuperar essas informações em Lakoff (1987: 508-533).

[4] Em português, a construção dêitica admite instanciações com os advérbios *lá* e *aí*, mas a construção existencial não deriva da construção dêitica, tendo adotado percurso diferente do inglês. Para tratamento da construção existencial com *ter* no português brasileiro, ver Pinheiro (2009, 2010).

[5] O LOCAL, por exemplo, pode ser mencionado na sentença, mas terá função sintática periférica, sob a forma de oblíquo (SP): "Maria deu o livro a João (na cantina da faculdade)".

[6] Além de AGENTE, PACIENTE e RECIPIENTE, os seguintes papéis semânticos (ou papéis temáticos) costumam ser descritos na literatura: TEMA (movido pela ação ou localizado), EXPERIENCIADOR (aquele que experiencia a ação, mas não tem controle sobre a mesma), ALVO (localização ou entidade em direção a qual uma entidade se move), INSTRUMENTO (meio pelo qual a ação é realizada), LOCAL (lugar em que a ação ocorre) e FONTE (entidade a partir da qual a entidade se move).

[7] Em Português, embora a construção bitransitiva não seja prevista na variedade padrão, estudos sociolinguísticos atestam sua ocorrência. Em seu estudo sobre variação e mudança na expressão do dativo no português brasileiro, Gomes (2003) analisa casos de variação do dativo na Amostra Censo (80), entre os quais se incluem construções bitransitivas tais como *Eu vendi ela dois voto* e *Ensinar o povo regras básicas de saneamento*.

[8] Daqui para frente, a tradução literal dos exemplos será mantida mesmo quando pouco aceitável ou agramatical em português, para que o foco do argumento de Goldberg, centrado na sintaxe, não se perca.

⁹ Embora a língua portuguesa admita alguns exemplos de construção resultativa com um sintagma adjetival na posição de resultado/alvo (ex. Ele cortou a cebola bem fininha), a situação mais comum é que o resultado/alvo seja instanciado por um sintagma preposicional. Assim, a sentença "*He wiped the table clean*" seria mais apropriadamente traduzida para o português como "Ele esfregou a mesa até limpá-la", já que a tradução literal "Ele esfregou a mesa limpa" não teria sentido resultativo. Embora essa diferença entre as duas línguas mereça estudo detalhado, a questão não causa maiores problemas para a apresentação da construção resultativa realizada aqui, pois tanto SPs como SAs podem ocupar a posição de resultado-alvo no modelo de Goldberg.

¹⁰ Na verdade, as baleias não ejetam um esguicho de água como parece. Elas ejetam ar quente, que, ao encontrar o frio da atmosfera, condensa-se, criando uma nuvem de gotinhas de água, dando a impressão de que elas estão ejetando água realmente.

¹¹ Em consonância com sua proposta teórica, Goldberg (1995) denomina a construção dativa tomando a "construção de movimento causado" como ponto de referência. Assim, a construção dativa recebe o rótulo de "construção de transferência de movimento causado". Entretanto, o termo "construção dativa" será mantido aqui por questões de clareza, já que se trata de um termo tradicionalmente usado na literatura.

¹² O exemplo é uma tradução literal do inglês.

¹³ De acordo com Lambrecht (1994), o tópico corresponde à informação disponível no discurso, e o foco corresponde à informação nova.

Modelos baseados no uso e aquisição de linguagem

A aquisição da linguagem é um dos temas centrais da pesquisa linguística. Chomsky (1986) identifica o *problema lógico da aquisição* ou **Problema de Platão**, formulado da seguinte maneira: como podemos saber tanto, se temos tão poucas evidências? Essa questão enfoca a lacuna entre conhecimento e experiência, evidenciada na aprendizagem rápida e eficiente de qualquer língua pela criança, apesar da exposição a dados ambientais que apresentam ruídos e imperfeições.

A solução chomskyana para esse problema é a hipótese do *inatismo*, que postula a existência de uma faculdade da linguagem inata – uma **Gramática Universal** (GU) –, geneticamente programada, que contém um conjunto abstrato de princípios norteadores da aquisição. A tarefa da criança seria desenvolver essa faculdade em função do ambiente em que está inserida, sem precisar se restringir a uma simples imitação daquilo que ouve.

A proposta de Chomsky representou também uma resposta à teoria psicológica behaviorista sobre o *comportamento verbal* das crianças. Skinner (1957) propôs que as crianças aprendem grupos de palavras por meio de princípios de associação (condicionamento instrumental) e indução (generalização do estímulo para novas instâncias). Em vigorosa resenha que busca desconstruir os principais argumentos de Skinner, Chomsky (1959) apontou que há princípios da gramática que são tão abstratos e, de certa forma, tão arbitrários, que as crianças não poderiam aprendê-los apenas por meio de associação e indução. Na realidade, há princípios para os quais as crianças não têm nenhum tipo de evidência – já que a língua que ouvem consiste em apenas uma série entrecortada de produções linguísticas individuais (a chamada *pobreza do estímulo*).

Esse argumento causou grande impacto sobre as pesquisas em aquisição de linguagem entre os anos 1960 e 1970. Se o modelo behaviorista admitia que as produções infantis, tais como "Mais suco", eram apenas porções concretas e distantes das representações abstratas dos adultos do tipo *Mais X*, o questionamento promovido por Chomsky e suas descrições formais da linguagem adulta levaram os estudiosos à seguinte indagação: como seria possível que as crianças chegassem à competência adulta tão abstrata a partir de construções iniciais absolutamente concretas? Nos termos de Pinker (1984), apenas a *assunção de continuidade* pode garantir que as representações linguísticas básicas sejam as mesmas através de todos os estágios de desenvolvimento da linguagem infantil, tendo em vista que todos os estágios provêm da mesma gramática universal. Diante da nova perspectiva, realizaram-se inúmeras pesquisas no âmbito da teoria gerativa, no intuito de explicitar como as crianças vão dos estágios iniciais aos estágios finais da aquisição.

O tema, entretanto, conheceu nova reviravolta a partir da década de 1980, em função de pesquisas em Psicologia do Desenvolvimento, Linguística e Ciências Cognitivas, que reúnem um conjunto de evidências capaz de explicar como as crianças vão de um estágio a outro do desenvolvimento linguístico, sem a necessidade de estabelecer a hipótese de uma gramática universal. Essas pesquisas defendem que:

(i) as crianças têm à sua disposição mecanismos de aprendizagem poderosos que vão muito além da simples associação ou indução cega, propostas pelo behaviorismo.
(ii) desenvolveram-se teorias da linguagem plausíveis e rigorosas que caracterizam a competência do adulto de modo muito mais próximo à competência da criança do que o modelo gerativo supunha, demonstrando que a meta da aquisição não é tão distante de seus estágios iniciais quanto se acreditava antes.

Assim, a noção de aprendizagem deixa de ser associativa e indutiva e passa a ser concebida como integrada a outras habilidades cognitivas e sociais. Se, por um lado, essa nova visão afasta-se radicalmente do modelo skinneriano por sua reavaliação radical do conceito de aprendizagem, por outro, redimensiona a competência adulta e relativiza a noção de pobreza do estímulo.

No âmbito da Linguística Cognitiva, essa nova perspectiva ganha sustentação a partir dos **Modelos Baseados no Uso**, sobre aquisição de linguagem, nos quais se desenvolve um conjunto expressivo de pesquisas sobre interações verbais espontâneas entre crianças e adultos. As abordagens baseadas no uso postulam que a aprendizagem de estruturas linguísticas envolve uma quantidade prodigiosa de aprendizagem real, e tentam minimizar o papel das estruturas inatas específicas da linguagem (Langacker, 2000; Tomasello, 2003). O foco da explicação é colocado na aquisição de unidades linguísticas, e não na aquisição de uma Gramática Universal.

Isso não significa negar que os seres humanos sejam programados biologicamente para adquirir uma língua, mas sim rejeitar a hipótese de que há um sistema cognitivo inato e especializado, que nos equipa para o conhecimento linguístico. Ao contrário, o que a Linguística Cognitiva advoga é que empregamos habilidades sociocognitivas gerais (que também podem ser inatas) na aquisição da linguagem.

Para tratar dessas questões, este capítulo começa delineando as principais premissas dos *Modelos Baseados no Uso*, para, em seguida, ilustrar a importante contribuição desses modelos para a explicação do processo de aquisição, enfocando a proposta do psicolinguista Michael Tomasello (2003).

Estrutura simbólica e competência linguística

Os *Modelos Baseados no Uso* enfatizam que a estrutura linguística emerge do uso, destacando que a essência da linguagem é sua dimensão simbólica (Langacker, 1987; Goldberg, 1995, 2006; Givón, 1995; Bybee, 1985, 1995, 2002; Tomasello, 1998, 2003; Barlow e Kemmer, 2000).

Tomasello (2003) ressalta que a habilidade de se comunicar simbolicamente com indivíduos da mesma espécie é uma adaptação biológica específica dos seres humanos. Assim, quando usamos símbolos para a comunicação intersubjetiva, encadeando-os em sequências, padrões de uso emergem e se tornam consolidados como construções gramaticais. Dentro dessa perspectiva, a construção passiva, a construção resultativa ou construção de sintagma nominal são concebidas como símbolos linguísticos que apresentam significados particulares (por exemplo, a construção passiva é usada para comunicar sobre uma entidade à qual algo acontece).

Em abordagens baseadas no uso, a competência em uma língua natural consiste no domínio de todos os itens e estruturas, que constituem representações linguísticas muito mais complexas e diversas do que a **gramática nuclear** (*core grammar*), privilegiada nas abordagens formais. Essas representações linguísticas incluem não apenas construções totalmente canônicas (nucleares), mas também construções completamente idiossincráticas (periféricas) e vários casos intermediários. Portanto, os falantes dominam não apenas construções altamente abstratas (ex. a construção passiva em português), mas também expressões concretas baseadas em palavras ou sintagmas individuais, tais como cumprimentos ritualizados (ex. *Tudo bem*?), expressões idiomáticas (ex. *O visitante deu no pé*), metáforas (ex. *O chefe não engoliu a desculpa para o atraso*) e formações sintagmáticas não canônicas (ex. *Que tal um sorvete*?).[1] A competência linguística madura é, desse modo, concebida como um inventário de construções dividido em construções mais centrais (semelhantes a várias outras) e construções mais periféricas conectadas a outras, em menor número (e de modos diferentes).

A aquisição da linguagem

Essa nova perspectiva traz implicações revolucionárias para as teorias de aquisição da linguagem. Se a competência adulta é baseada, muito mais do que se supunha, em estruturas concretas de linguagem e generalizações que as relacionam, é possível que a linguagem inicial da criança seja, em grande parte, baseada em itens específicos. Esses itens iniciais constituem símbolos linguísticos com significados particulares, que originam, no decorrer do processo de *gramaticalização*,[2] o conjunto de construções gramaticais do repertório adulto (estruturas mais complexas, mas também simbólicas).

De acordo com essa teoria, as crianças adquirem a linguagem por meio da aquisição de construções, que constituem unidades linguísticas de tamanhos variados e graus crescentes de abstração. À medida que o tamanho e a abstração dessas unidades aumentam, a criatividade linguística também começa a emergir de forma compatível com o evento de uso em curso.

Essa perspectiva, diametralmente oposta ao inatismo proposto pela teoria gerativa, enfatiza os processos de aprendizagem. Ao rejeitar a ideia de que há estruturas cognitivas inatas especializadas para a linguagem (hipótese da Gramática Universal), os *Modelos Baseados no Uso* precisam identificar habilidades cognitivas que não sejam específicas da linguagem, mas relacionadas também a outros domínios cognitivos.

Tomasello (2003) atribui esse papel a duas habilidades cognitivas gerais: a **identificação de padrões** e a **leitura de intenções**. O detalhamento dessas habilidades será foco das próximas subseções.

Identificação de padrões

A identificação de padrões consiste na habilidade de reconhecer padrões e realizar análises *estatísticas* em sequências perceptuais, incluindo a cadeia sonora que constitui a linguagem.

As crianças pré-linguísticas – abaixo de um ano de idade – buscam encontrar padrões repetidos naquilo que ouvem para construir unidades linguísticas. De acordo com Tomasello (2003: 4), a identificação de padrões engloba as seguintes habilidades:

- habilidade de relacionar objetos e eventos similares, resultando na formação de categorias perceptuais e conceptuais para objetos e eventos;
- habilidade de formar esquemas sensório-motores baseados na percepção recorrente de ações (reconhecimento de habilidades sensório-motoras básicas e reconhecimento de ações como eventos, tais como engatinhar, andar, pegar um objeto, e assim por diante);
- habilidade de realizar análise distribucional de sequências perceptuais e comportamentais (identificação e reconhecimento de combinações recorrentes de elementos em uma sequência, de modo a identificar e reconhecer sequências);
- habilidade de criar analogias (reconhecimento de similaridade) entre duas ou mais totalidades (incluindo expressões linguísticas), com base na similaridade funcional de alguns elementos nessas totalidades.

Essas habilidades são necessárias para que as crianças identifiquem padrões no modo como os adultos usam os símbolos linguísticos em diferentes contextos, e, a partir daí, possam construir as dimensões gramaticais (abstratas) da competência linguística humana.

Em relação a aspectos formais, Saffran, Aslin e Newport (1996) descobriram que, aos oito meses, os bebês reconhecem padrões em estímulos auditivos. Esses pesquisadores apresentaram às crianças dois minutos de fala sintetizada consistindo de palavras sem sentido, tais como *bidaku*, *padoti*, *golabu* e *tupiro*. Essas palavras de três sílabas eram ouvidas pelas crianças em diferentes sequências (ex. *bidakupadotigolabutupiro*; *tupirobidakugolabupadoti* etc.). Em seguida, essas sequências eram apresentadas simultaneamente a novas sequências de palavras, de modo que as palavras conhecidas eram situadas do lado esquerdo da criança e as palavras novas (compostas das mesmas sílabas em ordem diferente), do lado direito. Os pesquisadores concluíram que as crianças preferiam olhar em direção à cadeia sonora que continha algumas palavras iguais à sequência original.

Estudos subsequentes demonstraram que as crianças podem encontrar padrões mesmo quando as sílabas da cadeia sonora original e da cadeia sonora que funciona como teste não são iguais. Marcus et al. (1999) descobriram que crianças de sete meses de idade expostas, por um período de três minutos, a sequências de palavras trissilábicas sem sentido com o padrão ABB (ex. *wididi*, *delili*), preferiram dirigir o olhar, em testes posteriores, para cadeias sonoras que continham outras palavras que apresentavam o mesmo padrão ABB, embora as sílabas envolvidas fossem diferentes (ex. *bapopo*). Resultados similares foram encontrados por Gomez e Gerken (1999) em relação a crianças de doze meses.

Os experimentos descritos fornecem evidências de que as crianças pré-linguísticas são capazes de reconhecer padrões silábicos de palavras em uma cadeia sonora e, consequentemente, apresentam a habilidade de identificação de padrões muito antes de começarem a adquirir as primeiras palavras.

Vale ressaltar, ainda, que as crianças lançam mão da identificação de padrões não apenas em relação a aspectos formais da linguagem, mas também em relação a aspectos funcionais (ligados ao significado). Por exemplo, para aprender o uso convencional de uma palavra específica, a criança não só precisará reconhecer a mesma forma fonológica através de diferentes instâncias, mas também terá necessidade de enxergar os padrões com que os adultos usam, comunicativamente, uma forma particular, através de eventos de uso distintos. Essa identificação funcional de padrões inclui desde a percepção de similaridade nos referentes distintos aos quais a palavra *bola*, por exemplo, pode ser aplicada, até a percepção de similaridades em diferentes relações indicadas pelos diferentes usos de preposições, tais como *para*, *por* etc.

Leitura de intenções

A leitura de intenções está relacionada ao que se convencionou denominar genericamente *Teoria da Mente* (Harris, 1996; Tomasello, 1999). Trata-se da habilidade de perceber as outras pessoas como agentes mentais que podem ter crenças (inclusive falsas crenças) sobre o mundo.

De acordo com Tomasello (2003: 3), a leitura de intenções inclui as seguintes habilidades:

- habilidade de compartilhar atenção com outras pessoas em relação a objetos e eventos de interesse mútuo;
- habilidade de seguir a atenção e gestual de outras pessoas em relação a objetos distantes e eventos fora da interação imediata;
- habilidade de dirigir ativamente a atenção dos outros para objetos distantes, através do ato de apontar, mostrar e usar outros gestos não linguísticos;
- habilidade de aprender culturalmente (imitativamente) as ações intencionais dos outros, incluindo seus atos comunicativos resultantes de intenções comunicativas.

É importante ressaltar que a leitura de intenções reúne habilidades cognitivas gerais, associadas também a outras práticas culturais que as crianças adquirem rotineiramente, como uso de ferramentas, brincadeiras e rituais. Do ponto de vista linguístico, essas habilidades são necessárias para o aprendizado sobre o uso apropriado de todo e qualquer símbolo, incluindo expressões linguísticas complexas e construções. Na verdade, todas essas habilidades basicamente definem a dimensão simbólica ou funcional da comunicação linguística, que envolve a tentativa de manipular os estados mentais ou intencionais de outras pessoas.

As crianças começam a apresentar novos comportamentos relacionados à habilidade de leitura de intenções por volta de 9-12 meses de idade. Durante esse período, começam a dirigir o olhar para o mesmo lugar que os adultos estão olhando (*acompanhamento de olhar*), usam os adultos como pontos de referência social (*referenciação social*) e agem sobre objetos da mesma forma que os adultos (*aprendizagem imitativa*). Esses comportamentos não são diádicos – entre criança e adulto (ou entre criança e objeto) – mas sim triádicos, já que as crianças coordenam suas interações tanto com objetos quanto com pessoas, resultando em um triângulo que envolve um objeto (ou evento) em relação ao qual criança e adulto compartilham a atenção.

Esses comportamentos parecem indicar a emergência da compreensão de outras pessoas como agentes intencionais, ou seja, seres que possuem objetivos e fazem escolhas ativas em relação às melhores estratégias de comportamento para atingi-los. Esse novo nível de compreensão social é especialmente importante para a aquisição da linguagem e envolve três manifestações especialmente importantes:

(i) *frame* de atenção conjunta.

Os *frames* de atenção conjunta são definidos intencionalmente e ganham identidade e coerência a partir do entendimento da criança e do adulto sobre "o que estão fazendo", em termos de atividades direcionadas para um objetivo.

(ii) compreensão de intenções comunicativas.

A compreensão de intenções comunicativas é um caso especial da compreensão de intenções. No caso da criança, é o entendimento da intenção do adulto (ou de outra criança) em relação aos seus estados intencionais. Se alguém diz para a criança "Venha aqui", a criança deverá reconhecer a intenção do interlocutor para atender à proposta – se, de fato, a criança atender à proposta, será porque mudou seu estado intencional.

(iii) aprendizagem social sob a forma de imitação baseada em inversão de papéis.

Ao expressar intenções comunicativas por meio de um símbolo linguístico, o adulto expressa sua intenção em relação ao estado de atenção da criança. Mas se a criança apenas trocasse de lugar com o adulto, acabaria dirigindo o símbolo para si mesma, o que não seria desejável. Assim, para aprender a usar um símbolo linguístico de modo apropriado, a criança precisa se engajar em uma imitação baseada em inversão de papéis: é preciso que use símbolos em direção ao adulto da mesma forma que o adulto os utiliza em direção a ela.[3]

A Figura 43 representa a relação entre o *frame* de atenção conjunta e o evento referencial (como um dos aspectos da intenção comunicativa), bem como a cena perceptual global que a criança experiencia:

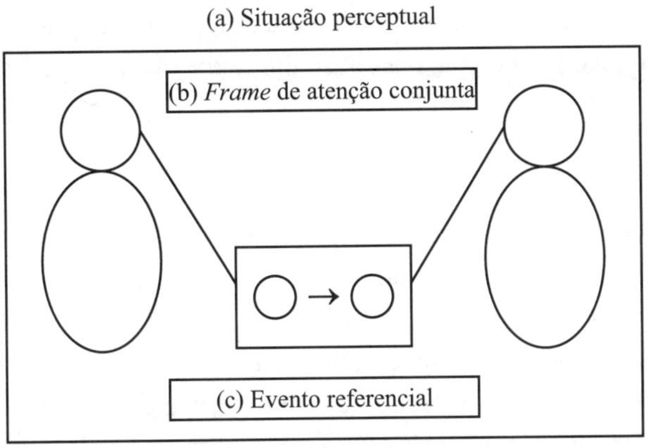

Figura 43 – A situação comunicativa básica entre adulto e criança.

A Figura 43 ilustra: (a) a situação perceptual mais ampla, que não é relevante para a manifestação linguística; (b) o *frame* de atenção conjunta, que cria uma base intersubjetiva comum na qual crianças e adultos podem entender as tentativas comunicativas uns dos outros e sua relevância mais imediata; (c) o evento ao qual a manifestação linguística se refere.

Para tratar da aquisição de construções particulares em contextos comunicativos específicos, os Modelos Baseados no Uso investigam a frequência de palavras concretas e morfemas envolvidos nas expressões (frequência de *token*) e a frequência de classes de expressões (frequência de *tipo*). A primeira capacita o usuário a acessar e usar fluentemente a expressão como um todo (ex. *não sei*); a segunda determina o grau de abstração ou esquematicidade da construção resultante, como em *Cadê X*? ou *X foi V particípio por Y*. Juntas, as frequências de *token* e *tipo* – associadas aos processos cognitivos de aprendizagem e categorização – explicam os modos pelos quais os usuários da linguagem: (1) adquirem o uso de expressões linguísticas específicas em contextos comunicativos específicos; (2) em algumas instâncias, generalizam essas expressões para contextos novos, com base em vários tipos de variação que ouvem, incluindo variação de tipo em somente uma posição na expressão e variação de tipo em todos os constituintes da construção.

Essa abordagem apresenta a vantagem de neutralizar os seguintes problemas vinculados à proposta de uma gramática universal inata:

(i) *Problema da ligação* – o problema de explicar como a criança liga a gramática universal abstrata às particularidades da língua específica que ela está aprendendo.

(ii) *Problema da continuidade* – o problema de explicar as constantes mudanças pelas quais a linguagem da criança passa ao longo do desenvolvimento, em face de uma gramática universal que é sempre a mesma.

Para os Modelos Baseados no Uso, esses problemas perdem sentido. As especificidades e constantes mudanças da linguagem adquirida pela criança são explicadas a partir da atuação de habilidades cognitivas gerais. Como vimos, a leitura de intenções e identificação de padrões são consideradas habilidades primárias no processo de aquisição de linguagem, envolvendo a compreensão e a segmentação das intenções comunicativas à medida que são expressas em todos os tipos de itens e estruturas linguísticas.

De acordo com essa perspectiva, as teorias de aquisição da linguagem devem ser integradas a pesquisas relacionadas ao desenvolvimento cognitivo, sociocognitivo e comunicativo da criança. Essas pesquisas, em última análise, terão papel primordial no estabelecimento de evidências empíricas para a explicação do modo pelo qual as crianças se tornam usuárias competentes de uma língua.

Exercícios

I. As primeiras manifestações linguísticas das crianças apresentam apenas uma palavra (*holófrases*), que transmite uma intenção comunicativa holística e indiferenciada. Tomasello (1992) relatou o uso de algumas expressões compostas por uma única palavra no desenvolvimento linguístico inicial de sua filha, entre as quais se incluem:

- *Rocking* (*balançando*): usado primeiramente quando utilizava uma cadeira de balanço; depois como um pedido para usá-la; em seguida, como nome para o objeto.

- *Play-play* (*tocar-tocar*): usada inicialmente para acompanhar o ato de "tocar" o piano; depois, para nomear o objeto.

- *Towel* (*toalha*): primeiro uso quando empregava a toalha para limpar alguma coisa; depois, para nomear a toalha.

- *Steps* (*degraus*): primeiro uso quando subia ou descia escadas (nunca para nomear o objeto).

- *Make* (*fazer*): primeiro uso em brincadeira com blocos, para pedir que uma estrutura fosse construída.

Com base nesses exemplos, determine, com as suas palavras, as intenções comunicativas que acompanham o uso desses itens.

II. Em função da resposta dada na questão anterior, busque estabelecer uma generalização no que se refere às intenções comunicativas iniciais da criança. Há alguma outra intenção comunicativa observada por você na convivência com crianças nesse estágio de aquisição da linguagem?

III. Os modelos baseados no uso buscam compreender a aquisição da linguagem levando em conta também aquilo que a criança ouve em suas interações com os adultos. É sabido que, no Ocidente, adultos de classe média costumam ajustar sua fala ao se dirigir às crianças, usando tom mais elevado, exagerando a entonação e selecionando tópicos mais acessíveis para a conversa (*motherese*). Embora alguns estudos tenham argumentado que esses ajustes facilitam a tarefa da criança, pesquisas em várias culturas orientais demonstraram que os pais não costumam fazer qualquer tipo de ajuste à sua fala para se comunicar com os filhos. Em relação a esse fenômeno, Tomasello (2003) afirma que: "Embora o desenvolvimento linguístico de crianças nessas culturas nunca tenha sido sistematicamente documentado em termos quantitativos – e de fato é possível que as crianças não adquiram a linguagem tão rapidamente quanto crianças de classe média ocidentais – é claro, entretanto, que todas as crianças orientais se tornam falantes competentes de suas línguas durante a infância".

Em relação às informações apresentadas, que conclusão é possível estabelecer?

IV. Em experimento realizado por Tomasello and Brooks (1998), crianças de dois a três anos foram expostas a um verbo inventado, que significava *rolando* ou *girando* e era usado em um *frame* intransitivo (ex. *The sock is tamming*/A meia está rolando). Em seguida, as crianças foram estimuladas a usar *tamming* em um *frame* transitivo com um objeto. Para isso, foram apresentadas a uma figura na qual um cachorro fazia um objeto *rolar*. Em resposta à pergunta *O que o cachorro está fazendo?*, as crianças tiveram dificuldade em produzir *tamming* em um novo *frame* sintático (ex. *The dog is tamming the car/O cachorro está girando o carro*). Que conclusões esse estudo autoriza em relação à criatividade linguística e a dependência ao contexto de uso em crianças de 2-3 anos?

V. Em estudos experimentais com crianças que já produzem sentenças transitivas, verificou-se que, antes de completarem três anos de idade, não conseguem transferir seu conhecimento das construções baseadas em itens conhecidos (da ordem vocabular) para um novo verbo ao qual sejam apresentadas (Tomasello, 2000). A não ser que esse novo verbo seja apresentado em uma construção transitiva (SVO). O que esses achados indicam quanto à aquisição de ordem vocabular nos estágios iniciais de aprendizagem de uma língua?

Notas

[1] As expressões não canônicas são aquelas que resultam de um desvio formal atípico dos padrões sintáticos de uma construção normal da língua.

[2] Nas abordagens baseadas no uso, o termo *gramaticalização* refere-se à dimensão gramatical das línguas como produto de um conjunto de processos históricos e ontogenéticos (Tomasello, 2003: 5).

[3] Nesse sentido, é particularmente significativa a aprendizagem do uso dos pronomes pessoais "eu" e "você".

Conclusões

Este livro foi organizado com o objetivo de iniciar os interessados em Linguística Cognitiva na diversidade e sofisticação teórica alcançada nesta área em seu relativamente curto período de existência. Em função disso, os temas foram abordados de forma didática, com o intuito de familiarizar estudantes e pesquisadores em Linguística e ciências afins com o fascinante panorama investigativo aberto a partir dessa perspectiva.

O ponto de partida é a ideia de que "a linguagem serve para ativar construções cognitivas por meio de pistas muito parciais, mas muito eficientes em contexto". (Fauconnier, 1997: 187). É necessário reconhecer, portanto, que sempre haverá dimensões do significado que escapam à formalização: enquanto o sentido é contínuo, inesgotável e infinitamente variável, as estruturas formais da linguagem, embora representem um enorme salto evolutivo em termos da espécie humana (Fauconnier e Turner, 2002), são limitadas, discretas e com possibilidades finitas de variação. É por isso que mesmo uma sentença simples como "O cachorro latiu" pode ser usada para estabelecer referência a um número infinito de situações (o cachorro pode ser grande ou pequeno, de raça ou vira-lata, de cor escura ou clara, seu latido pode ter sido alto ou baixo etc.).[1] Por outro lado, mesmo significados relativamente simples ainda têm que "perder algo" para se adaptar aos recursos estruturais de uma determinada língua. Como a Gramática de Construções aponta, a sentença "João chutou a bola para o gol" codifica uma situação muito mais complexa na realidade, condensada na construção de movimento causado (na verdade, João agiu sobre a bola, utilizando seus pés de um determinado modo; essa ação fez a bola se mover; esse movimento traçou um percurso em direção ao gol).

É importante notar que, ao buscar detalhar as estruturas cognitivas subjacentes à construção do significado e as complexas projeções entre domínios conceptuais ativadas pelas estruturas linguísticas (nos termos de Fauconnier, "os bastidores da cognição"), a Linguística Cognitiva já percorreu um longo e produtivo caminho, desbravando as relações entre linguagem e mente. Há, atualmente, evidências massivas do papel fundamental que constructos como *espaços mentais, frames* e *perspectiva/ponto de vista* desempenham não apenas na investigação de línguas orais, mas também na descrição de outras modalidades, como as línguas de sinais e os gestos (Liddell, 1998, 2003; Janzen, 2005).

Ao explicitar a importância da imaginação no estabelecimento de redes de integração conceptual, destacando o caráter dinâmico e flexível do significado linguístico e a base corpórea da cognição, a Linguística Cognitiva dá provas de seu vigor. Assim, tem apresentado novas maneiras de abordar velhos problemas, como é o caso da solução para a ambiguidade referencial proposta pela Teoria dos espaços mentais, e ainda tem permitido que questões fundamentais para a compreensão da capacidade da linguagem no ser humano, tanto em termos filogenéticos (o surgimento da linguagem na história da humanidade), quanto ontogenéticos (a aquisição da linguagem na história do indivíduo) sejam investigadas sob uma nova ótica.

Mas, para que obtenha lugar destacado no âmbito das Ciências Cognitivas, o desafio será unir realidade psicológica (mente) e realidade biológica (cérebro). Nesse sentido, destaca-se a associação de George Lakoff com cientistas cognitivistas, como Terry Regier, Jerry Feldman, Lokendra Shastri e Srini Narayanan, para o estabelecimento de uma *Teoria Neural da Linguagem*. O objetivo é buscar compatibilidade entre os achados da LC e as pesquisas em curso nas Ciências Cognitivas e Neurociências.

De acordo com o neurocientista Sydney Lamb (1999), uma teoria da linguagem deve buscar plausibilidade operacional (fornecer uma base plausível para a compreensão dos processos de produção e compreensão da linguagem); plausibilidade quanto ao desenvolvimento (fornecer um modelo ou sistema plausível para a aquisição da linguagem pelas crianças) e plausibilidade neurológica (oferecer uma explicação plausível para a representação do sistema proposto em estruturas neurais). Para ilustrar como a plausibilidade neurológica pode funcionar, retomemos o fenômeno da polissemia, propriedade essencial da linguagem, conforme amplamente ilustrado ao longo deste livro. Se inseríssemos uma palavra potencialmente polissêmica em diferentes contextos, e esses contextos fossem apresentados para sujeitos cuja atividade cerebral estivesse sendo monitorada, seria possível determinar, com base nos processos químicos e na ativação neural observada, se a palavra tem um único significado (ativações semelhantes em diferentes contextos) ou é polissêmica (ativações dissimilares em cada contexto de uso).

Ao se voltar para esse tipo de investigação, a Linguística Cognitiva pode, de fato, ampliar seu escopo de atuação. Além de ser um modelo teórico que estabelece um recorte diferenciado para o estudo da linguagem humana, poderá também, dada a vocação interdisciplinar autorizada por suas principais premissas, almejar incluir em seu programa investigativo as interessantes questões que apontam para a pesquisa neurocognitiva.

Nota

[1] É claro que as línguas fornecem possibilidades de detalhamento maior. Seria possível dizer "O cachorro grande latiu" ou "O cachorro grande de pelo escuro latiu bem alto". Mas a questão aqui é argumentar que, ainda que isso seja possível, qualquer sentença, por *mais precisa* que tente ser do ponto de vista informacional, será sempre incapaz de codificar *todo* o significado e envolverá sempre algum grau de *imprecisão*. Mesmo para a sentença "O cachorro grande de pelo escuro latiu bem alto", há um sem número de cachorros desse tipo aos quais a sentença poderia estar se referindo, há uma infinita gradação de tonalidades escuras para os pelos, há infinitos tipos de latidos etc.

Bibliografia

ALLWOOD, J. Meaning potentials and context: some consequences for the analysis of variation in meaning. In: CUYCKENS, H.; DIRVEN, R.; TAYLOR, J. (eds.). *Cognitive Approaches to Lexical Semantics*. Berlin: Mouton de Gruyter, 2003, pp. 29-66.

ALMEIDA, M. L. L; FERREIRA, R. G.; PINHEIRO, D. et al. A hipótese da corporificação, da categorização e do léxico. In: ALMEIDA, M. L. L.; FERREIRA, R. G.; PINHEIRO, D. et al. (org.). *Linguística Cognitiva em Foco*: morfologia e semântica do português. Rio de Janeiro: Publit, 2009.

ALMEIDA, M. L. L.; FERREIRA, R. G.; PINHEIRO, D. et al. (org.). *Linguística Cognitiva em Foco*: morfologia e semântica do português. Rio de Janeiro: Publit, 2009.

ANUNCIAÇÃO, J.; FERRARI, L. Quando eu não sou eu – mesclagem conceptual em dêiticos de 1ª pessoa. In: FERRARI, L. (org.). *Espaços mentais e construções gramaticais*: do uso linguístico à tecnologia. Rio de Janeiro: Imprinta, 2009, pp. 29-48.

AUSTIN, J. L. *How to Do Things with Words*. 2. ed. URMSON, J. O.; MARINA, S. (eds.). Oxford: Oxford University Press, [1962] 1975.

BANDEIRA, M. Consoada. *Opus 10*. Rio de Janeiro, 1952.

BARCELONA, A. *Metaphor and metonymy at the crossroads*: a cognitive perspective. Berlin: Mouton de Gruyter, 2003.

BARLOW, M. KEMMER, S. (eds.) *Usage based models of language acquisition*. Stanford: CSLI Publications, 2000.

BARNDEN, J. Metaphor and metonymy: making their connection more slippery. *Cognitive Linguistics*, 2010, 21-1: 1-34.

BARSALOU, L.; MEDIN, D. Concepts: fixed definitions or dynamic context-dependent representations? *Cahiers de Psychologie Cognitive*, 1986, 6, pp. 187-202.

BATORÉO, H. Botar ou não botar... eis a questão – Produtividade lexical do verbo espacial "botar" no Português Europeu (PE) e no Português do Brasil (PB) na óptica da Linguística Cognitiva. In: ALMEIDA, M. L. L.; FERREIRA, R. G.; PINHEIRO, D. et al. (org.). *Linguística Cognitiva em Foco*: morfologia e semântica do português. Rio de Janeiro: Publit, 2009, pp. 53-66.

_____. Produtividade lexical, espaços mentais integrados e lexias compostas na Língua Portuguesa (PE e PB): o que a Linguística Cognitiva nos ensina sobre língua e cultura? In: *Linguística* (Revista do Programa de Pós-Graduação em Linguística da UFRJ), Rio de Janeiro: Imprinta, 2010, v. 6, n. 2, pp. 27-43.

BERLIN, B.; BREEDLOVE, D.; RAVEN, P. General principles of classification and nomenclature in folk biology. *American Anthropologist*, 1973, 75, pp. 214-242.

BERLIN, B.; KAY, P. *Basic color terms*: their universality and evolution. Berkeley: University of California Press, 1969.

BLOOMFIELD, L. *Language*. New York: Henry Holt, 1933.

BORGES, J. L. Funes, el memorioso. In: *Ficciones*. Buenos Aires: Ediciones Sur, 1944.

_____. Funes, o memorioso. In: *Ficções*. Trad. Carlos Nejar. São Paulo: Companhia das Letras, 2007.

BRONZATO, L. H. A *abordagem sociocognitiva da construção da destransitivização: o enquadre da interdição*. Tese de mestrado. Universidade Federal de Juiz de Fora, 2000.

BROWN, R.; LENNEBERG, E. A study in language and cognition. *Journal of Abnormal and Social Psychology*, 1954, 4, pp. 454-62.

BYBEE, J. *Morphology*: a study of the relation between meaning and form. Amsterdam: Benjamins, 1985.

_____. Regular morphology and the lexicon. *Language and Cognitive Processes*, 1995, 10, pp. 425-455.

_____. Sequentiality as the basis of constituent structure. In: GIVÓN, T.; MALLE, B. (eds.). *From pre-language to language*. Amsterdam: Benjamins, 2002.

CHOMSKY, N. A review of B. F. Skinner's "Verbal Behavior". *Language*, 1959, 35, pp. 26-58.

_____. *Language and mind*. New York: Harcourt Brace Jovanovich, 1968.

_____. *Reflections on language*. New York: Pantheon, 1975.

_____. *Knowledge of language*: its nature, origin and use. New York: Praeger, 1986.

_____. *New Horizons in the Study of Language and Mind*. Cambridge: Cambridge University Press, 2000.

CLARK, H. *Using language*. New York: Cambridge University Press, 1996.

COLE, P.; MORGAN, J. L. (eds.). *Syntax and Semantics 3*: Speech Acts. New York: Academic Press, 1975.

COULSON, S. *Semantic leaps*: frame-shifting and conceptual blending in meaning construction. Cambridge: Cambridge University Press, 2001.

CROFT, W. The role of domains in the interpretation of metaphors and metonymies. In: *Cognitive Linguistics*, 1993, 4, pp. 335-70.

_____; CRUSE, D. A. *Cognitive Linguistics*. Cambridge: Cambridge University, 2004.

CUTRER, M. *Time and tense in narratives and everyday language*. Ph. D. Dissertation. University of California, San Diego, 1994.

DANCYGIER, B.; SWEETSER, E. *Mental spaces in grammar; Conditional constructions*. Cambridge: Cambridge University Press, 2005.

DANCYGIER, B.; SWEETSER, E (eds.). *Mental spaces and viewpoint in grammar and discourse*. Cambridge: Cambridge University Press (no prelo).

DIRVEN, R.; HAWKINS, B.; SANDIKCIOGLU, E. (eds.). *Language and Ideology: theoretical cognitive approaches*, v. 1, 2001, pp. 83-106.

DRUMMOND DE ANDRADE, C. No meio do caminho. *Revista de Antropofagia*, jul. 1928, ano 1, n. 3.

EVANS, V. The meaning of time: polysemy, the lexicon and conceptual structure. *Journal of Linguistics*, 2005, v. 1, n. 41, pp. 33-75.

EVANS, V. Figurative language understanding in LCCM Theory. In: *Cognitive Linguistics*, 2010, v. 21, n. 4.

_____; GREEN, M. *Cognitive Linguistics; an Introduction*. Edinburgh: Edinburgh University Press, 2006.

FAUCONNIER, G. *Espaces Mentaux*. Les Editions De Minuit: Paris, 1984.

_____. *Mental Spaces*. Cambridge: Cambridge University Press, 1994.

_____. *Mappings In Thought And Language*. Cambridge: Cambridge University Press, 1997.

_____; SWEETSER, E. (eds.). *Spaces, worlds and grammar*. Chicago: Chicago University Press, 1996.

_____; TURNER, M. *Conceptual blending and the mind's hidden complexities*. New York: Basic Books, 2002.

FELDMAN, J. *From molecule to metaphor; a neural theory of language*. Cambridge, Mass: MIT Press, 2006.

FERRARI, L. Postura epistêmica – Ponto de vista e mesclagem em construções condicionais na interação conversacional. *Revista Veredas*, Juiz de Fora: Edufjf. 1999, v. 3, n. 1, pp. 115-128.

_____. Os parâmetros básicos da condicionalidade na visão cognitivista. *Revista Veredas*, Juiz de Fora: Edufjf. 2000, v. 4, n. 1, pp. 21-30.

_____. A sociocognitive approach to modality and conditional constructions in Brazilian Portuguese. *Journal of Language and Linguistics*, 2002, n. 3, pp. 218-237. (http: //www.jllonline. net)

_____. Construções gramaticais e a gramática das construções condicionais. *Revista Scripta*, 2003, v. 5, n. 9, pp. 143-150.

_____. A Abordagem sociocognitiva dos atos de fala. Revista *Portuguesa de Humanidades* – Faculdade de Filosofia da Universidade Católica de Portugal: Braga, 2004, v. 8 ½, pp. 119-133.

_____. Integração conceptual em construções epistêmicas no português do Brasil. *Linguagem e Cognição*. Juiz de Fora: Edufjf, 2005a.

_____. Modalidade e condicionalidade no português do Brasil. *Recorte*. Três Corações: Unincor, 2005b, v. 3.

_____. Condicionais reportadas e flexibilidade de ponto de vista. *Gragoatá*, Niterói: UFF, 2007, v. 23, pp. 95-109.

_____. Reportar condicionais: uma questão de ponto de vista. *Revista de Estudos da Linguagem*, Belo Horizonte: UFMG, 2008, v. 16, pp. 117-140.

_____. (org.). *Espaços mentais e construções gramaticais*: do uso linguístico à tecnologia. Rio de Janeiro: Imprinta, 2009a.

_____. Linguística cognitiva: fundamentos teóricos de pesquisas recentes e aplicações interdisciplinares. In: FERRARI, L. (org.). *Espaços mentais e construções gramaticais*: do uso linguístico à tecnologia. Rio de Janeiro: Imprinta, 2009b. pp. 13-26.

_____. A construção do sentido. In: MOLLICA, M. C. (org.). *Linguagem*: para Letras, Educação e Fonoaudiologia. São Paulo: Contexto, 2009c.

_____. Prefácio. In: *Linguística Cognitiva em Foco*: morfologia e semântica do português. Rio de Janeiro: Publit, 2009d. pp. 3-4.

_____. Conceptual structure and subjectivity in epistemic constructions. In: SCLIAR-CABRAL, L. (ed.). *Psycholinguistics; scientific and technological challenges*. Selected papers of the 8th International Congress of ISAPL. Porto Alegre: EdiPUCRS, 2010.

_____. Modelos de gramática em Linguística Cognitiva: princípios convergentes e perspectivas complementares. *Cadernos de Letras da* UFF. Dossiê: Letras e cognição 41, Niterói: UFF, 2010, pp. 149-166.

_____; ALONSO, K. Subjetividade em construções de futuro no português do Brasil. *Alfa – Revista de Linguística*, Unesp, 2009, v. 53, n. 1, pp. 223-241.

_____; ALONSO, K. Construções gramaticais e subjetividade: as construções de futuro no discurso político. In: SILVA, A. S. MARTINS, J. C.; MAGALHÃES, L.; GONÇALVES, M. (org.). *Cognição, Comunicação e Media*. Braga: Universidade Católica Portuguesa, 2010. v. 2, pp. 111-126.

_____; SWEETSER, E. Subjectivity and upwards projection in mental space structure. In: DANCYGIER, B.; SWEETSEr, E. (eds.). *Mental spaces and viewpoint in grammar and discourse*. Cambridge: Cambridge University Press (in preparation).

FERREIRA, R. G. *A hipótese da corporificação da língua: o caso de cabeça*. Dissertação de Mestrado. Rio de Janeiro, Faculdade de Letras, UFRJ, 2009.

FILLMORE, C. The case for case. In: BACH, E.; HARMS, R. (eds.). *Universals in Linguistic Theory*. New York: Holt, Reinhart & Winston, 1968. pp. 1-81.

_____. An alternative to checklist theories of meaning. In: COGEN, C. THOMPSON, H., Thurgood, G.; WHISTLER, K. (eds.). *Proceedings of the Berkeley Linguistic Society*. Berkeley: Berkeley Linguistics Society, 1975. pp. 123-31.

_____. Scenes-and-framesemantics. In: ZAMPOLLI, A. (ed.). *Linguistic structures processing*. Amsterdam: North Holland, 1977. pp. 55-81.

_____. Frame semantics. In: LINGUISTIC SOCIETY OF KOREA (ed.). *Linguistics in the morning calm*. Seoul: Hanshin Pubishing, 1982. pp. 111-137.

_____. Frames and the semantics of understanding. *Quaderni di Semantica*. 1985, 6, pp. 222–54.

_____. Epistemic stance and grammatical form in english conditional sentences. *Papers from the Twenty-sixth Regional Meeting of the Chicago Linguistic Society*. 1990a, pp. 137-162.

_____. The contribution of linguistics to language understanding. In: BOCAZ, A. (ed.). *Proceedings of the First Symposium on Cognition, Language and Culture*. Universidad de Chile, 1990b. pp. 109-128.

_____; ATKINS, B. T. Toward a frame-based lexicon: the semantics of RISK and its neighbors. In: LEHRER, A.; KITTAY, E. F. (eds.). *Frames, Fields and Contrasts*. Hillsdale, NJ: Lawrence Erlbaum, 1992. pp. 75-102.

_____; KAY, P.; O'Connor, C. Regularity and idiomaticity in grammatical constructions: the case of let alone. In: *Language*. 1988, v. 64, p. 501-538.

FONTES, V. M.; FERRARI, L. Dêixis e mesclagem: a expressão pronominalizada "a gente" como categoria radial. *Revista Linguística* (Revista do Programa de Pós-Graduação em Linguística da URFJ). Rio de Janeiro: Imprinta, 2010, v. 6, n. 2. pp. 44-63.

GEERAERTS, D. Cognitive Linguistics. In: VERSCHUEREN, J.; ÖSTMAN, J. -O.; BLOMMAERT, J. (eds.). *Handbook of Pragmatics*. Amsterdam: John Benjamins, 1995. pp. 111-116.

_____. (ed.). *Cognitive Linguistics*: Basic Readings. Berlin: Mouton de Gruyter, 2006.

GIBBS, R. *Embodiment and cognitive science.* Cambridge: Cambridge University Press. 2006.

GIVÓN, T. *Functionalism and grammar.* Amsterdam: John Benjamins, 1995.

_____. *Context as other minds; the pragmatics of sociality, cognition and communication.* Amsterdam/Philadelphia: John Benjamins, 2005.

GOLDBERG, A. *Constructions.* Chicago: University of Chicago Press, 1995.

_____. *Constructions at work: the nature of generalization in language.* Oxford: Oxford University Press, 2006.

GOMES, C. A. Variação e mudança na expressão no dativo no português brasileiro. In: PAIVA, M. C.; DUARTE, M. E. L. (org.). *Mudança linguística em tempo real.* Rio de Janeiro: Contra Capa, 2003.

GOMEZ, R.; GERKEN, L. Artificial Grammar learning by 1-year-olds leads to specific and abstract knowledge. *Cognition,* 1999, 70, pp. 109-135.

GONÇALVES, C. A.; BAPTISTA JR., A. O.; CÂNDIDO, B. F. F.; VIEIRA, R. S. A. Para uma estrutura radial das construções x-ão do português do Brasil. In: ALMEIDA, M. L. L.; FERREIRA, R. G.; PINHEIRO, D. et al. (org.) *Linguística Cognitiva em Foco*: morfologia e semântica do português. Rio de Janeiro: Publit, 2009.

_____; ANDRADE, K. E.; ALMEIDA, M. L. L. Se a macumba é para o bem, então é boacumba: análise morfoprosódica e semântico-cognitiva das substituições sublexicais em português. *Revista Linguística* (Revista do Programa de Pós-Graduação em Linguística da UFRJ). Rio de Janeiro: Imprinta, 2010, v. 6, n. 2, pp. 64-82.

GOOSSENS, L. Metaphtonymy: the interaction of metaphor and metonymy in expressions for linguistic action. *Cognitive Linguistics,* 1990, v. 1, n. 3, pp. 323-40.

GRADY, J. *Foundations of Meaning*: Primary Metaphors and Primary Scenes. Doctoral thesis, Linguistics Dept, University of California, Berkeley (available from UMI Dissertation Services: www.il.proquest.com/umi/dissertations/, 1997a.)

_____. Theories are buildings revisited', *Cognitive Linguistics,* 1997b, v. 8, n. 4, pp. 267-90.

_____; OAKLEY, T.; COULSON, S. Blending and metaphor. In: GIBBS, R. W.; STEEN, G. (eds.). *Metaphor in Cognitive Linguistics.* Amsterdam: John Benjamins, 1999. pp. 101-124.

GRICE, H. P. Logic and conversation. In: COLE, P.; MORGAN, J. L. (eds.). *Syntax and Semantics 3*: Speech Acts. New York: Academic Press, 1974. pp. 41-58.

HALFF, H.; ORTONY, A.; ANDERSON, R. A context-sensitive representation of word meaning. *Memory & Cognition,* 1976, 4, pp. 378-384.

HARRIS, P. Desires, beliefs, and language. In: CARRUTHERS, P.; SMITH, P. (eds.). *Theories of theories of mind.* Cambridge: Cambridge University Press, 1996.

HEIDER, E. "Focal" color areas and the development of color names. *Developmental Psychology,* 1971, 4, pp. 447-55.

_____. Universals in color naming and memory. *Journal of Experimental Psychology,* 93: 10-20, 1972.

_____; OLIVER, D. C. The structure of the color space in naming and memory for two languages. *Cognitive Psychology,* 1972, 3, pp. 337-45.

HERMONT, A. B.; ESPÍRITO SANTO, R. S.; CAVALCANTI, S. M. S. *Linguagem e cognição*: diferentes perspectivas, de cada lugar um outro olhar. Belo Horizonte: Ed. PUC Minas, 2010.

JACKENDOFF, R. *Semantics and Cognition*. Cambridge, MA: MIT Press, 1983.

JANZEN, T. *Perspective Shift Reflected in the Signer's Use of Space*. CDS/CLCS Monograph Number 1, Dublin: Center for Deaf Studies, University of Dublin Trinity College, 2005.

JOHNSON, M. *The Body in the Mind*: *The Bodily Basis of Meaning, Imagination and Reason*. Chicago: Chicago University Press, 1987.

KATZ, J. J.; FODOR, J. A. The structure of a semantic theory. *Language*, 1963, 39.

KAY, P.; FILLMORE, C. Grammatical constructions and linguistic generalizations: the *What's X doing Y* construction. *Language*, 1999, 75, pp. 1-34.

KÖVECSES, Z. *Metaphor and Emotion*. Cambridge: Cambridge University Press, 2000.

_____. *Metaphor: A Practical Introduction*. Oxford: Oxford University Press, 2002.

_____; RADDEN, G. Metonymy: developing a cognitive linguistic view. *Cognitive Linguistics*, 1998, 9, 1, pp. 37-77.

KRISTIANSEN, G.; ACHARD, M.; DIRVEN; RUIZ DE MENDOZA IBÁÑEZ, J. (eds.). *Cognitive linguistics*: Current applications and future perspective. Berlin & New York: Mouton de Guyter, 2006. pp. 431-459.

LABOV, W. The boundaries of words and their meaning. In: BAILEY, C.; SHUY, R. (eds.). *New ways of analyzing variation in English*. Washington DC: Georgetown University Press, 1973. pp. 340-373.

_____. Denotational structure. In: FARKAS, D. , JAKOBSEN, W.; TODRYS, K. (eds.). *Papers from the Parasession on the Lexicon*. Chicago: Chicago Linguistics Society, 1978. pp. 220-260.

LAKOFF, G. *Women, fire and dangerous things*: what categories reveal about the mind. Chicago: University of Chicago Press, 1987.

_____. The invariance hypothesis: is abstract reason based on image schemas? *Cognitive Linguistics*, 1990, v. 1, n. 1, pp. 39-74.

_____. *Metaphor and War*: The Metaphor System Used to Justify War in the Gulf. An open letter to the Internet. Available from the Center for the Cognitive Science of Metaphor. http://philosophy.uoregon.edu/metaphor/metaphor.htm, 1991.

_____. The contemporary theory of metaphor. In: ORTONY, A. (ed.). *Metaphor and Thought*. 2. ed. Cambridge: Cambridge University Press, 1993. pp. 202-51.

_____; JOHNSON, M. *Metaphors we live by*. Chicago: The University of Chicago Press, 1980.

_____. *Philosophy in the Flesh*: The Embodied. Mind and its Challenge to Western Thought. New York: Basic Books, 1999.

LAKOFF, G.; NARAYANAN, S. *Toward a Computational Model of Narrative*. Current draft from the Proceedings of the AAAI Fall Symposium, November, 2010. (in preparation).

_____; TURNER, M. *More than Cool Reason*: A Field Guide to Poetic Metaphor. Chicago: University of Chicago Press, 1989.

LAMB, S. *Pathways of the Brain:* The Neurocognitive Basis of Language. (Current Issues in Linguistic Theory, 170.) Amsterdam/Philadelphia: John Benjamins, 1999.

LAMBRECHT, K. *Information structure and sentence form*: topic, focus and the mental representations of discourse referents. Cambridge: Cambridge University Press, 1994.

LANGACKER, R. *Foundations of cognitive grammar*: Theoretical prerequisites. Standford: Stanford University Press, 1987.

_____. Subjectification. *Cognitive Linguistics*, 1990, 1, pp. 5-38.

_____. *Foundations of cognitive grammar*: Descriptive applications. Standford: Stanford University Press, 1991.

_____. A dynamic usage-based model. In: BARLOW, M.; KEMMER, S. (eds.), *Usage-based models of language*. Stanford: SLI Publications, 2000.

LENNEBERG, E. *Biological foundations of language*. New York: Wiley, 1967

LEVINSON, S. *Pragmatics*. Cambridge: Cambridge University Press, 1983.

_____. *Presumptive meaning*. Cambridge: MIT Press, 2000.

LIDDELL, S. Grounded blends, gestures and conceptual shifts. *Cognitive Linguistics*, 1998, 9: 3, pp. 283-314.

_____. *Grammar, gesture and meaning in American Sign Language*. Cambridge: Cambridge University Press, 2003.

MANDELBLIT, N. The Grammatical marking of conceptual integration: from syntax to morphology. *Cognitive Linguistics*, 2000, v. 11/3-4.

MARCUS, G. F.; VIJAYAN, S.; BANDI RAO, S.; VISHTON, P. M. Rule learning by seven-month-old infants. *Science*, 1999, 283, pp. 77-80.

MONTAGUE, R. Universal grammar. *Theoria*, 1970, 36, pp. 373-98.

_____. The proper treatment of quantification in ordinary English. In: HINTIKKA, K.; MORAVCSIK, E.; SUPPES, P. (eds.). *Approaches to Natural Language*. Dordrecht: Reidel, 1973. pp. 221-42.

NÚÑEZ, R.; SWEETSER, E. With the Future Behind Them: Convergent Evidence From Aymara Language and Gesture. In: The Crosslinguistic Comparison of Spatial Construals of Time. *Cognitive Science*, 2006, 30, pp. 1-49.

ORTONY, A. *Metaphor and Thought*. 2. ed. Cambridge: Cambridge University Press, 1993.

PALMER, F. R. *Mood and modality*. Cambridge: Cambridge University Press, 1986.

PEETERS, B. Does Cognitive Linguistics Live up to its Name? In: DIRVEN, R.; HAWKINS, B.; SANDIKCIOGLU, E. (eds.), *Language and Ideology: theoretical cognitive approaches*. 2001. v. 1, pp. 83-106.

PINHEIRO, D. Indeterminação ou polissemia? A rede semântica do verbo *ter* no português brasileiro. In: ALMEIDA, M. L. L. et al. (org.). *Linguística Cognitiva em foco:* morfologia e semântica do português. Rio de Janeiro: Publit, 2009. pp. 67-85.

_____. Homonímia, polissemia, vagueza: um estudo de caso em semântica lexical cognitiva. *Revista Linguística*. Rio de Janeiro: Programa de Pós-graduação em Linguística/UFRJ, 2010, v. 6, n. 2, pp. 83-101.

PINKER, S. *Language learnability and language development*. Cambridge: Harvard University Press, 1984.

_____. *Learnability and cognition: The acquisition of argument structure*. Cambridge: Cambridge University Press, 1984.

PUTNAM, H. *Reason, truth and history*. Cambridge: Cambridge University Press, 1981.

REDDY, M. The conduit metaphor: a case of frame conflict in our language about language. In: ORTONY, A. (ed.), *Metaphor and Thought*, 2. ed. Cambridge: Cambridge University Press, [1979]1993. pp. 164-201.

REGIER, T. *The Human Semantic Potential. Spatial Language and Constrained Connectionism.* Cambridge: MIT Press, 1996.

ROSCH, E. On the internal structure of perceptual and semantic categories. In: MOORE, T. (ed.). *Cognitive Development and the Acquisition of Language.* New York: Academic Press, 1973. pp. 111-44.

_____. Principles of categorization. In: ROSCH, E.; LLOYD, B. (eds.). *Cognition and Categorization.* Hillsdale, NJ; NY: Lawrence Erlbaum, 1978. pp. 27-48.

_____. Reclaiming concepts. *Journal of Consciousness Studies.* 1999, 6, pp. 61-77.

_____; MERVIS, C. Family resemblances; studies in the internal structure of categories. *Cognitive Psychology* 1975, 7, pp. 573-605.

_____; et al. Basic objects in natural categories. *Cognitive Psychology.* 1976, 8, pp. 382-439.

SAEED, J. *Semantics.* 2. ed. Oxford: Blackwell, 2003.

SAFFRAN, J. R.; ASLIN, R.; NEWPORT, E. Statistical learning by 8-month old infants. *Science*, 1996, n. 274, pp. 19-26.

SANDERS, J.; REDEKER, G. Perspective and the representation of speech and thought in narrative discourse. In: FAUCONNIER; SWEETSER (eds.), 1996, pp. 290-317.

SAPIR, E. *Language: an introduction to the study of speech.* New York: Harcourt, Brace & World, 1921.

SCHMID, H. Light English, local English and fictitious English. Conceptual structures in North-Eastern Nigerian English and the question of an English-language identity. In: ANCHIMBE, Eric (ed.). *Linguistic Identity in Postcolonial Multilingual Spaces.* Newcastle: Cambridge Scholars Publishing, 2007. pp. 131-161.

SEARLE, J. R. *Speech Acts.* Cambridge, Cambridge University Press, 1969.

SHASTRI, L. Comparing the Neural Blackboard and the Temporal Synchrony-Based SHRUTI Architectures. *Behavioral and Brain Sciences.* 2006, 29, (1): 84-86.

SKINNER, B. F. *Verbal learning.* New York: Appleton-Century-Croft, 1957.

SOARES DA SILVA, A. *A Semântica de DEIXAR.* Uma contribuição para a abordagem cognitiva em Semântica Lexical. Lisboa: Fundação Calouste Gulbenkian e Fundação para a Ciência e a Tecnologia, 1999.

_____. *Linguagem e Cognição*: A Perspectiva da Linguística Cognitiva. Braga: Associação Portuguesa de Linguística, Faculdade de Filosofia da Universidade Católica Portuguesa, 2001.

_____. *O Mundo dos Sentidos em Português*: Polissemia, Semântica e Cognição. Coimbra: Almedina, 2006.

_____; MARTINS, J. C.; MAGALHÃES, L.; GONÇALVES, M. (orgs.) *Comunicação, Cognição e Media.* Braga: Faculdade de Filosofia da Universidade Católica Portuguesa, 2010. (2. v.).

_____; TORRES, A.; GONÇALVES, M. (org.). *Linguagem, Cultura e Cognição*: Estudos de Linguística Cognitiva. Coimbra: Almedina, 2004. (2. v.)

SWEETSER, E. *From etymology to pragmatics; metaphorical and cultural aspects of semantic structures.* Cambridge: Cambridge University Press. 1990.

_____. Mental spaces and The grammar of conditional constructions. In: FAUCONNIER; SWEETSER (eds.). *Spaces, worlds and grammar.* Chicago: Chicago University Press, 1996, pp. 318-333.

_____. *Blended spaces and performativity*. In: *Cognitive Linguistics*, 2000, v. 11 – 3/4, pp. 305-333.

TALMY, L. Lexicalization patterns. Semantic structure in lexical form. In: SHOPEN, T. (ed.). *Language typology and syntactic description*. v. 3. Cambridge: CUP, 1985. pp. 36-149.

_____. Force dynamics in language and cognition. *Cognitive Science*, 1998, 2, pp. 49-100.

_____. *Toward a Cognitive Semantics*. Cambridge, MA: MIT Press, 2000. (2. v.)

_____. Grammatical construal; the relation of grammar to cognition. In: GEERAERTS (org.). *Cognitive Linguistics. Basic Readings*. Berlin: Mouton de Gruyter, 2006.

TAYLOR, J. *Linguistic Categorization*. 3. ed. Oxford: Oxford University Press, 2003.

TOMASELLO, M. *First verbs*: a case study of early grammatical development. New York: Cambridge University Press, 1992.

_____. *The new psychology of language*: Cognitive and functional approaches to language structure. v. 1. Mahwah, NJ: Erlbaum, 1998.

_____. *The cultural origins of human cognition*. Cambridge, MA: Harvard University Press, 1999.

_____. Do young children have adult syntactic competence? *Cognition*. 2000, 74, pp. 209-253.

_____. *Constructing a language; a usage-based theory of language acquisition*. Cambridge: Harvard University Press, 2003.

_____; BROOKS, P. Young children's earliest transitive and intransitive constructions. *Cognitive Linguistics*, 1998, 9, pp. 379-395.

TRAUGOTT, E.; DASHER, R. *Regularity in semantic change*. Cambridge: Cambridge University Press, 2002.

TREGIDO, P. S. MUST and MAY: demand and permission. *Lingua*, 1982, 56, pp. 75-92.

TURNER, M. *Reading Minds*: The Study of English in the Age of Cognitive Science. Princeton: Princeton University Press, 1991.

ULLMANN, S. *Principles of Semantics*. Oxford: Blackwell, 1957.

UNGERER, F.; SCHMID, H. *An introduction to cognitive linguistics*. London/New York: Longman, 1996.

VARELA, F. J.; THOMPSON, E.; ROSCH, E. *The embodied mind; cognitive science and human experience*. Cambridge, Massachusetts: MIT Press, 1991.

VERSCHUEREN, J.; ÖSTMAN, J-O.; BLOMMAERT, J. (eds.). *Handbook of Pragmatics*. Amsterdam: John Benjamins, 1995. pp. 111-116.

WHORF, B. *Language, thought and reality*. CARROLL, J. (ed.). Cambridge, Mass.: MIT Press, 1956.

WITTGENSTEIN, L. *Philosophical investigations*. 2. ed. Oxford: Blackwell, 1958.

A autora

Lilian Ferrari possui graduação em Psicologia e mestrado em Linguística pela Universidade Federal do Rio de Janeiro (UFRJ); doutorado em Linguística pela University of Southern California/Universidade Federal do Rio de Janeiro e pós-doutorado na University of California, Berkeley. É professora associada do Departamento de Linguística e membro permanente do Programa de Pós-Graduação em Linguística da Universidade Federal do Rio de Janeiro, no qual atuou como coordenadora no período de 2003 a 2007. Pesquisadora nível 1D do CNPq. Coordenadora do LINC – Grupo de Pesquisas em Linguística Cognitiva (http://www.grupolinc.com.br). Participante de acordos internacionais com a Universidade Aberta de Lisboa (Portugal) e com a Universidade de Avignon (França). Organizadora de livro, autora e coautora de várias publicações que enfocam construções gramaticais do português brasileiro sob a ótica da Teoria dos Espaços Mentais e da Gramática de Construções.

CADASTRE-SE
EM NOSSO SITE,
FIQUE POR DENTRO DAS NOVIDADES
E APROVEITE OS MELHORES DESCONTOS

LIVROS NAS ÁREAS DE:

História | Língua Portuguesa
Educação | Geografia | Comunicação
Relações Internacionais | Ciências Sociais
Formação de professor | Interesse geral

ou
editoracontexto.com.br/newscontexto

Siga a Contexto
nas Redes Sociais:
@editoracontexto

GRÁFICA PAYM
Tel. [11] 4392-3344
paym@graficapaym.com.br